ホッブズ

リヴァイアサンの哲学者

田中 浩
Hiroshi Tanaka

岩波新書
1590

はじめに　ホッブズとはだれか

近代国家論の祖ホッブズ

こんにち日本では、ロックやルソーの名前は民主主義思想の先駆者として広く一般に知られている。これにたいしてホッブズ(一五八八―一六七九)は、「万人の万人にたいする闘争状態」を唱えたこと、また一六五一年に刊行した政治学の主著に『リヴァイアサン』(旧約聖書ヨブ記第三章にでてくる怪獣の名。地上においては神に次いで強いとされる)という奇妙なタイトルを付けたことによって、「権力色のきわめて強い人」というマイナス・イメージでとらえられている。しかし、ホッブズこそが近代国家論の真の創始者なのである。

ホッブズは史上初の「市民革命」であるイギリスのピューリタン革命期(一六四〇―六〇年)に、人間にとっての最高の価値(最高善)は「生命の安全」(自己保存《セルフ・プリザベーション》)にあり、これを確保するためには「平和」が最優先されるべきであると主張していた。もっとも、「自己保存」ということばならば、キリスト教神学の大成者トマス・アクィナス(一二二五/二七―七四)の『神学大全』(一二六六年―。未完)のなかでも述べられてはいる。しかし、それはあくまでも「神の名」

のもとで保障される「自己保存」のことである。ホッブズのばあいには、政治の主体は「人間」（個人）であり、「生命の安全」も「平和の確保」も「人間中心」に考えられている。ここにホッブズとアクィナスとの決定的なちがいがある。

社会契約論
——近代国家の原理——

ホッブズは人間中心の「自己保存」という考えから、かの有名な「社会契約《ソーシャル・コントラクト》論」（政治社会や国家は人間が作る）によって、「近代国家論」を構築した。ホッブズは、人間は生来、自由で平等な存在であり、ふだんは平和な「自然状態」に住んでいるが、そこにはまだ国家も法律も存在しないので、「危機状態」（戦争や風水害や地震などの例外状態）になると、人間は生きるために「万人の万人にたいする闘争状態」をひき起こすことになる。これでは人間は「自然状態」においてもっている「生きる権利」＝「自然権《ナチュラル・ライト》」（生きるためには人を殺すことさえもかまわない権利）をまっとうできない。それゆえホッブズは、各人が「自然権」を放棄し（具体的には自分を守るための「武器を捨て」）、お互いに「力を合成」して「社会契約」を結び、「共通権力《コモン・パワー》」（ルソーのいわゆる「一般意志《ヴロンテ・ジェネラール》」＝人民主権。この力は国王権力、議会権力、教会権力、ギルド権力などの特殊権力よりも強い）を作れという。そののち、ホッブズは契約に参加した全員の多数決（民主政治の決定原理）によって代表（契約者全員の意志を代表する人格《ペルソナ》）を選出する。そして、この代表が選出された時点ではじめて国家＝コモンウェルスが成立したとホッブズはいう。なお、ここでのコモンウェルスとは、こんにちのような強大な軍隊・警察権力、官僚組織をもつ巨大国家を意味しておらず、最小限の抑止力をもつ政治体のことである。なお、当時のイングランドは人口五〇〇万人ぐらいであった。

したがって国家が成立するまでは、たとえ「共通権力」を形成（自然権を放棄して、自己保存のために「力を合成」すること）しても、それだけではキケロー（前一〇六―前四三）のいうようなたんなる人びとの集まり、つまり群衆＝マルティテュードにすぎないのである。コモンウェルス（国家、政治社会）が設立され、契約に参加した人びとが選出した「代表」の作る法律を為政者も人民も守って、つまり「法の支配」が実現してはじめて、安全に「生活」することができるのである。以上がホッブズの近代国家形成の原理と方策である（「封建諸侯の分権支配」から「近代的統一国家」へと転進した、「版籍奉還」（一八六九年）後の日本の政治形態を想起せよ）。

ギリシア・ローマ時代のアリストテレス（前三八四―前三二二）やキケロー、ルネサンス期のマキァヴェリ（一四六九―一五二七）、絶対王政時代に主権の最高権力性を最初に唱えたボダン（一五三〇―九六）はすべて、政治を考える基本を「ポリス」や「家族」としていたから、「人間」（個人）を基本単位とする政治学体系を構想することはできなかった。この体系の構想は、市民革命によって近代民主国家が生誕した時代を経験したホッブズによってはじめて可能だったのである。そのさいに、ホッブズは「国家の平和」を保持するためには主権者（代表）に「強い力を与えよ」と述べ、自著に『リヴァイアサン』というタイトルを付けた。そのために俄然《がぜん》かれは、議会派からは「絶対君主（ジェイムズ一世、チャールズ一世）の擁護者」と目され、王党派からは「革命の指導者クロムウェル（の独裁）を弁護する輩《やから》」として激しく非難されることとなった。

　こうして、ホッブズ政治学の真

ホッブズの肖像画

Portrait of Thomas Hobbes (1588-1679), 1669-1670, by John Michael Wright (1617-1694), oil on canvas, 66 x 54 cm. London, National Portrait Gallery (Photo by DeAgostini/Getty Images)

の意図（平和の政治学）は、かれの死後約二〇〇〇年近くのあいだ――アリストテレスの哲学も二〇〇〇年近く無視され、ローマ共和国末期にキケローが復活させた――誤解されたままに、「歴史の表舞台」から消失せしめられたのである。

ホッブズ理論の再生
――産業革命・アメリカ独立戦争・フランス革命――

ホッブズが近代民主主義思想の創始者として評価されはじめたのは、ベンサム急進主義者のひとりであるモールズワース（一八一〇―五五）が『ホッブズ著作集』（英語版一一巻、ラテン語版五巻、一八三九―四五年）を刊行した一八四〇年代以降頃、つまり『リヴァイアサン』（一六五一年）の刊行後、約二〇〇年を経てからではないかと思われる。なお、ベンサム急進主義者とは、ベンサムの功利主義理論を信奉し、ジェイムズ・ミル（一七七三―一八三六。ジョン・スチュアート・ミルの父）を中心にベンサム改革運動を実現しようとして結集した知識人グループである。

ホッブズ再評価には前史がある。イギリスでは、名誉革命後から一八世紀中葉の産業革命期にかけての約六〇―七〇年間、憲法学者ダイシー（一八三五―一九二二）いうところの「静かなる革命」(中産市民層の台頭)が進行しつつあった。とすれば、ホッブズ思想に光が当たるようになったのは、国内的には産業革命期に入り「名誉革命体制」(地主階級と上層の市民階級とが妥協した政治支配)への批判がはじまったこと、国際的にはアメリカ独立戦争とフランス革命後の欧米における中産市民層や小市民層からの選挙権拡大要求とが深く関係していたことがわかる。それまで「ピューリタン革命とホッブズ」の組み合わせは、「名誉革命とロック」にくらべて過激すぎる「時代・思想」——国王を処刑し(ピューリタン革命)、権力の基礎は人びとの契約によるという主張(ホッブズ)——として危険視され、否定されていたのである。

ベンサムは、アメリカ独立戦争期の一七七六年に『政治断片論』という小冊子を書き、「名誉革命体制」を正当化したロック理論は、民主主義的にはもはや不十分であると指摘している。ベンサムが、フランス革命が起こった一七八九年に主著『道徳と立法の諸原理序説』において主張した「最大多数の最大幸福論」は、実は新しく台頭しつつあった「中産市民層」の政治参加を援護射撃したものであった。さらに、一七七六年に出版されたスミス(一七二三―九〇)の『諸国民の富』(『国富論』)は、産業革命の一方の担い手である「中産市民層」による資本主義的生産様式(資本と労働の協同)をヴィヴィッドに描きだしていることに、われわれは「市民革命期」とは明らかに異なる新時代到来の息吹を感じとることができる。

こうした状況のなかで、ホッブズは、人間は生まれながらにして自由・平等であり、またわれわれが自在に活動するためには平和が必要であると主張した。ホッブズの「権力の基礎は人民の契約による」というきわめて原理主義的な「社会契約論」が、「地主階級と上層の市民階級が妥協した名誉革命体制」と「有産者層の所有権の擁護」を正当化したロック理論に代わって、アメリカ独立戦争を支持したペインやフランス革命の思想的先駆者ルソーによって採用された。もっともこの時点では、ペインもルソーも「社会契約論」というタームのみを用いて、国王を斬首した「ピューリタン革命」や「無神論者ホッブズ」(これは誤解であるが)の名前を前面にだしていない点に注意を要する。

「社会契約論」か「歴史と伝統」か

これにたいして、イギリスの保守思想家バーク(一七二九—九七)は、アメリカ独立戦争は支持したが、フランス革命は全否定した。バークは『フランス革命についての省察』(一七九〇年)を書き、国家や社会を人為的に作ることを主張したルソーやペインの「社会契約論」(原理はホッブズにあったが)にたいして、哲学者ヒューム(一七一一—七六)が主張したように、「歴史と伝統を重視」した名誉革命を賛美している。

この「ペイン＝バーク論争」においては、名誉革命以来背景に退いていた「社会契約論」が、アメリカ独立戦争期・フランス革命期に再登場してきた点が重要である。そして、この「社会契約論」か「歴史と伝統を重視する」かをめぐる論争は、その後、中産市民層の「選挙権拡大要求」という政治問題だけではなく、資本主義の矛盾のひとつである「私有財産制」(貧富の差を認める)へのゴドウィン(一七五六―一八三六)の批判、ウルストンクラーフト(一七五九―九七)による「女性の権利」の主張、富や財産の不平等是正を求める貧困者層に配慮したペインの「福祉国家論」などの社会・経済問題へと展開されていくことになる。

「ピューリタン革命」の再評価

このように、ホッブズ評価をめぐる問題は、かれが生きたピューリタン革命期にとどまらず、イギリス資本主義の発展史上における労働問題、植民地問題、帝国主義問題、女性解放論、奴隷制問題などと深くかかわっていたことがわかる。一八三七年に『フランス革命史』を書いたカーライル(一七九五―一八八一)は、ギロチンに象徴されるフランス革命の残虐性を批判し、母国イングランドの崇高なるピューリタニズムの精神と指導者クロムウェルの偉業を高く賞賛している(カーライルは、ピューリタン革命期にチャールズ一世が斬首されたことは無視している)。他方カーライルは、労働者階級や奴隷を蔑視していたから、ピューリタン革命期の職人・徒弟層からなる「平等派《レベラーズ》」の民主化運動を評価することはなかった。

これにたいして、カーライルの同時代人ジョン・スチュアート・ミル(一八〇六―七三)は、主著『自由論』(一八五九年)のなかで「思想・言論・宗教の自由」「人身の自由」「財産権の保障」という三つの古典的自由のほかに、労働者の「団結の自由」(社会的弱者である労働者階級が団結して資本家階級に抵抗することを認める考え)を新しく加えるべきことを主張している。そしてイギリス史においてピューリタン革命を最初に正しく評価したのは、「オクスフォードの哲人」と呼ばれたトマス・ヒル・グリーン(一八三六―八二)であった(『イギリス革命講義』一八六七―六八年)。かれは、自由は手段であって、「人格の成長」が政治の目的であると主張して、それまで資本家階級が金科玉条としてきた「私有財産の不可侵性」(この考えを自然法を用いて正当化したのはロックである)という考えを修正した。そして、自由といえども公共の福祉のためには制限がありうるとし、こんにちの「福祉国家」(社会権・生存権の重視)の理論を提起した。

もっとも、このような考え方を、グリーンよりも七五年ほど早く素朴ながら提起していたのが、ペインの『人間の権利』(一七九一年)である。そしてこの時期にようやく「平等」という観念が歴史の正面に登場してきたのである。なお、それ以前にもピューリタン革命期には「平等派」によって、またルソーの『人間不平等起源論』(一七五五年)において、さらにはフランス革命期に職人・徒弟層らの指導者バブーフ(一七六〇―九七)によって、「平等」が主張されてはいた。ドイツの政治学者・社会学者マンハイム(一八九三―一九四七)は、著書『保守主義』(一九二七年)のなかで、「政治的保守主義とは政治的・経済的に支配する階級や階層が、新しく登場しつつある下位階級や階層の政治的進出を阻止し押さえ込もうとする思想態度で、それゆえに支配層は自由は認めても平等はなかなかに認めないものだ」と述べているのはこの意味で正しい。

一九世紀中葉以降に登場してきた「人間は自由・平等である」という労働者階級の考え方は、ホッブズが提起した万人共通に認められるべき「自由・平等」という政治原理に端を発するものであった。こうして、これまで二〇〇年近くものあいだ、長らく政治・哲学思想史研究のなかで危険視され無視されてきた「忘れられた思想家」ホッブズの哲学や政治学が、ようやく陽の目をみることとなった。

ホッブズ研究の進展

イギリスで、ホッブズ思想を民主主義においてとらえた恐らく最初のホッブズ研究は、ロバートソンの『ホッブズ』(一八八六年)ではなかろうかと思われる。しかしホッブズ研究が盛んになったのは、「平和と改造」の気運が高揚し、労働者階級への配慮が重要視されてきた第一次世界大戦(一九一四—一八年)後のことである。イギリスでは、近代イギリス政治思想史研究の権威グーチ(一八七三—一九六八)が『ホッブズ』(一九三九年)を書いている。かれは、ホッブズを「わが国の三大政治思想家(ホッブズ、ロック、ベンサム)のうち最初の、もっともオリジナルで、もっともイングランド的でない(体系的)思想家である」と定義している。

ドイツでは、カントと並び称される大哲学者ヘーゲルですら、その哲学史のなかでほとんどホッブズを無視していたが、ドイツ社会民主党の支持者であった社会学者テニエス(一八五五—一九三六)が本格的なホッブズ研究を発表している。恐らくかれは、ホッブズを通してイギリス民主主義の原理をドイツ国民に知らしめようとしていたのではなかろうか。また一九三六年には、ユダヤ人で、ヒトラーのナチス独裁時代にアメリカへ亡命したレオ・シュトラウス(一八九九―一九七三)が『ホッブズの政治学』を書いている。

イタリアのすぐれた哲学者クローチェ(一八六六―一九五二)は、その政治学研究のなかでホッブズを取り上げることはなかった。しかし、イタリアでも二〇世紀に入ってホッブズの研究が盛んになった。一九一一―一二年にかけてマリオ・ウィンチグェッラによる『リヴァイアサン』の全訳がだされ大成功をおさめた。しかし一九三五年に、P・ダッビエーロがホッブズの『市民論』の抄訳をだしたが、このときはほとんど注目されなかったようである。当時はファシズムの時代真っ只中であり、ホッブズの民主主義的政治思想は受け容れられなかったのであろう。

イタリアでホッブズの本格的研究がはじまったのは、やはり第二次世界大戦後のことと思われる。たとえば一九四八年には『市民論』、一九五五年には『リヴァイアサン』、一九六八年には『法の原理』、一九七九年にはもう一度『市民論』の翻訳がだされている。そして哲学者ボッビオ(一九〇九―二〇〇四)は、一九八八年に「ホッブズ生誕四〇〇年」に寄せて、「平和のホッブズ」という論文を書き、また一九八九年には『ホッブズの哲学体系』を出版し、ホッブズを民主主義の先駆者として正しく位置づけている。またかれは一九五九年に『哲学者と法学徒との対話』も翻訳している。一九三〇―四〇年代に全体主義をかかげ、日本の同盟国であったドイツやイタリアでは、早くも第一次世界大戦後にホッブズの翻訳や研究がなされていた。日本と西ヨーロッパに属する独伊両国とのあいだに、民主主義研究の進展にかなりの温度差があるのをみる思いがする。

そのほか、カナダの政治学者で、イギリスの政治学の泰斗ラスキ(一八九三―一九五〇)の最後の弟子マクファーソン(一九一一―八七)は、一九六〇年に『リヴァイアサン』を編集して出版し、この書は北米圏で一〇万部も売れた。かれは、一九六二年に、ホッブズをブルジョア思想の先駆者とする『所有的個人主義の政治理論』を発表して、ホッブズ思想の近代的性格を広く紹介している。また、キリスト教とマルクス主義の接合を試みて戦後日本の青年たちに大きな影響を与えたラインホルト・ニーバー(一八九二―一九七一)が、『アメリカ史のアイロニー』(一九五二年)のなかでジェイムズ・ブライス(一八三八―一九二二)のことばを引用しつつ、アメリカ憲法に命を与えている哲学のひとつにホッブズの哲学があることを認めているのは興味深い。

日本におけるホッブズ研究

日本では自由民権運動の最高潮期に、文部省編纂局(文部卿福岡孝弟、題辞文部少輔九鬼隆一序)

が、英国学士払波士著『主権論　完』（一八八三（明治一六）年）というタイトルで『リヴァイアサン』のうちの「主権は絶対である」という部分のみを翻訳して、明治政府を正当化するためにホッブズを援用している。また福沢諭吉の論敵加藤弘之は、『人権新説』（一八八二（明治一五）年）を書いて「社会契約論」を批判し、国家は人間が自由自在に作れるものではなく、歴史的に力の強い者が作ると主張した。加藤がイギリスの最初の保守主義者といわれたバーク流の主張をして自由民権運動を攻撃したのもこの頃であった。

さらにいえば、当時の日本における西洋思想家御三家は、ルソー、J・S・ミル、スペンサーであった。ルソーは、フランス系の自由党の理論として党首板垣退助（一八三七―一九一九）が、スペンサーは、イギリス系の立憲改進党の理論として党首大隈重信（一八三八―一九二二）が重視していた。そして第一次世界大戦後には、ホッブズの理論は国際法や外交史の分野で、国際政治を「万人の万人にたいする闘争状態」として説明するのに用いられている。

そのほか戦前のホッブズ政治思想研究としては、堀潮「英国政治思想史上に於けるホッブズ及びロックの地位」（『商学論叢』一九二六（大正一五）年一月―二七（昭和二）年一月）および金子鷹之助「ホッブズ『リヴァイアサン』の歴史的意義」（『企業と社会』一九二七（昭和二）年、同文館）などがあるが、いずれもホッブズを絶対君主の擁護者としてとらえている。

しかし「大正デモクラシー期」にリベラル・デモクラットとして活躍した憲法学者市村光恵が「ホッブズとルソー」(『法学論叢』一九二四(大正一三)年五月、第一一巻第五号)を、法哲学者恒藤恭が「ホッブズの自然法学に関する一考察」(『法学論叢』一九二九(昭和四)年六月、第二一巻第六号、九月、第二二巻第三号)を書いているが、市村も恒藤もホッブズをロックやルソーの先駆者としてとらえているのは注目される。また「一五年戦争期」に永井道雄が京都大学文学部の卒業論文にホッブズについて書いたと聞いているし、丸山眞男が、南原繁のゼミナールでホッブズの政治思想について報告したそうだが(『丸山眞男集 別巻 新訂増補』(岩波書店、二〇一五年)によれば、一九三六(昭和一一)年四月とある)、いまとなってはその内容を知ることはできない。

いずれにせよ、ホッブズ研究が真に開花したのは、欧米においてすらようやく第二次世界大戦後のことで、日本では当然ながら敗戦後のことである。ここでは太田可夫《よしお》、水田洋、福田歓一の「ホッブズ研究」が戦後日本の民主主義を考える思想的出発点として提起されていたことを指摘しておく。

では、いよいよホッブズの生涯とその思想体系の形成過程・内容について述べることにしよう。

目次

＊本書における外国語文献からの引用は、断りのない限り、著者が原書から訳したものである。また、V頁のホッブズの肖像画以外、写真はすべて著者が撮影した。

第一章　危機の時代の申し子、ホッブズ

「危機の時代」や「変革期」に大思想家が現れる

世界の大思想家たちはすべて「危機の時代」や「変革期」に生まれている。ギリシア都市国家の衰退期にストア派やエピクロス派が現れ、ローマが共和政から帝政に移行する時期にはキケローが登場した。マキァヴェリはルネサンス期に、ルター、カルヴァンは宗教改革の時代に活躍している。

近代においては、ピューリタン革命期にホッブズやハリントンが、名誉革命期にロックが、ペイン、ベンサム、スミスがイギリスの産業革命期やアメリカ独立戦争期に現れ、フランス革命前夜には「百科全書派」のヴォルテール(一六九四―一七七八)、ディドロ(一七一三―八四)やルソーが輩出している。マルクス(一八一八―八三)やエンゲルス(一八二〇―九五)やJ・S・ミルは、ヨーロッパ全体を巻き込んだ「一八四八年革命期」(労働者階級が革命の中心的存在となる)に登場している。

イギリスにおいて資本主義がますます発展し、その矛盾が顕在化してきた一九世紀後半期の帝国主義時代に入ると、労働問題、植民地問題、奴隷制問題、福祉資本主義問題を考究したトマス・ヒル・グリーンが登場している。二〇世紀に入ってからは、ロシア革命期にはレーニン(一八七〇―一九二四)が、中国革命期には毛沢東(一八九三―一九七六)が現れた。

日本では、明治維新期・明治啓蒙期に福沢諭吉、植木枝盛《えもり》(一八五七―一八九二)、中江兆民(一八四七―一九〇一)たちが、自由民権期・明治憲法体制成立期、日清・日露戦争後日本が国家主義・帝国主義時代に変貌していったときにはそれを批判した田口卯吉(一八五五―一九〇五)、陸羯南《くがかつなん》(一八五七―一九〇七)などのリベラリストが登場している。そして第一次世界大戦後の大正デモクラシー期、満州事変を経て一五年戦争に突入していった時期には、抵抗の知識人であり日本最高のジャーナリストである長谷川如是閑《にょぜかん》(一八七五―一九六九)が、敗戦後の「民主改革期」には丸山眞男(一九一四―九六)が活躍している。

とすれば、偉大な思想家たちを研究するためには、まずはかれらが活躍した時代状況を研究する必要がある。と同時に、かれらが「時代の矛盾」を解決するためにどのように歴史を学び、またどのような先行思想を研究して新しい理論や思想を構築していったかを解明する作業がなされなければならないであろう。

『自伝』とオーブリーの『名士小伝』

ホッブズは晩年に二篇の『自伝』を書いた。ひとつは『ラテン詩自伝』(一六七二年、八四歳のときにフランス人ジェローム・ヴェルドゥに宛てて書かれた全三七六行の長篇詩)、もうひとつは、一六七三年、八五歳のときに書いた『ラテン語自伝——マームズベリのトマス・ホッブズの生涯』である。後者は一六七四年、アンソニー・ウッド(一六三二—九五)がオクスフォード史を書く必要上、共通の友人でホッブズを尊敬していたオーブリー(一六二六—九七)に仲介を頼んでホッブズに書いてもらったものである。

だが、これらの『自伝』はいずれも短篇で、内容的にもきわめて抽象的に書かれているにすぎない。たとえばイタリア旅行についてふれてはいるが、「地動説」を唱えてローマ教会から弾劾された危険人物ガリレイ(一五六四—一六四二)と会ったこと(一六三六年頃)は書いていない。当時「思想の自由」がいかに制限されていたかをうかがい知ることができよう。

また、このふたつの『自伝』(これらの『自伝』には福鎌忠恕の翻訳がある。『東洋大学大学院紀要』第一八集、一九八一年)では、ホッブズがいかなる先人の書物を読んだかとか、当時の国内外の政治状況についてどのように考えていたかなどはほとんど書かれていない。ホッブズは「宗教の時代」にあって、人間を「運動する生命体」としてとらえ、「自由・平等な人間が国家を作る」などと大胆なことを述べている割には、きわめて用心深いのである。

しかし、まことに幸いなことに、ホッブズの思想と行動にかんする貴重な資料が残されている。オーブリーの『名士小伝』である（『小伝』原本にはさまざまな版本がある。ここでは橋口稔・小池銈編の『名士小伝』（冨山房、一九七九年）を参照）。日本でオーブリーを最初に紹介したのは、カナダの外交官・歴史家で、丸山眞男とも学問的親交があったハーバート・ノーマン（一九〇九―五七）の「近代伝記文学の先駆者」（中野好夫・平井正穂訳、『思想』一九五〇年第一〇号）であった。

『小伝』では、オーブリーは一六―一七世紀のイングランドやヨーロッパの哲学者や文学者、政治学者、法学者、自然科学者たち――たとえばモア（一四七七／七八―一五三五）、シェイクスピア（一五六四―一六一六）、エラスムス（一四六六頃―一五三六）、ウォルター・ローリー（一五五二頃―一六一八。イギリスの軍人、歴史家、エリザベス一世の寵愛をえたが、のちジェイムズ一世のときにロンドン塔で処刑された）、ベイコン、ミルトン、クック（一五五二―一六三四）、ハーヴィ、デカルト、ハリントン、ボイルなど――について論評している。

そしてかれは、その書物のなかでわざわざ一章を設けて、郷土の先輩として尊敬していたホッブズについて書いている。もしも『名士小伝』中の「ホッブズ」の一章がなければ、われわれは、ホッブズの著作を通じてしかホッブズ像、つまりかれの人柄、性格、体形、容姿、生活態度等をほとんど知ることができなかったであろう。したがって本書においても、ホッブズの『自伝』とオーブリーの『名士小伝』を参考にしつつ、ホッブズの人間像や人間関係を通して、可能な限りかれの思想と行動を明らかにしていくことにしよう。

幼年時代

ホッブズは一五八八年四月五日聖金曜日の早朝(六―七時頃)、イングランド西南部のウイルトシャー州マームズベリのウェストポートで呱々《ここ》の声をあげた。かれは『ラテン詩自伝』のなかで、スペインの無敵艦隊がイングランドを襲撃するとのうわさに驚いて臨月の母親が予定よりも早く産み落とした、よって自分は「恐怖との双子である」と書いている。実際には七月中旬、二万二〇〇〇人の兵を乗せた一三〇隻の大艦隊がドーヴァー海峡で海将ドレーク率いるイギリス艦隊と九日間砲火を交え、スペイン側が敗北、以後イギリス資本主義が世界を制することになる。ホッブズは、イギリス資本主義の発展期とともに生きた「正統の子」ということができよう。

そして、一六七九年一二月四日、終生にわたってかれを庇護し続けたイギリスきっての名門貴族デヴォンシャー伯爵家の別邸ハードウィック・ホールでその長い生涯を閉じている。この約九二年にわたる生涯は、当時にあっても、こんにちにおいてもかなりの長命であり、これによってホッブズは、ピューリタン革命をはさむ一七世紀のイングランドとヨーロッパにおける「激動の時代」のすべてを経験し展望することができたのである。

ウィルトシャー州マームズベリのホッブズの生家跡とされる場所

ホッブズは、五二歳のときにかれの最初の政治学書『法の原理』(一六四〇年)を、二年後には匿名でラテン語の『市民論』(一六四二年)を書き、一六五一年、六三歳の頃、チャールル

ズ一世の斬首(一六四九年一月)により王政が廃止され、クロムウェル(一五九九—一六五八)の勝利が明確になったとき、主著『リヴァイアサン』を書いた。そして、クロムウェル統治下、「共和国」の時代の、六〇歳代後半から七〇歳代はじめにかけて『物体論』(一六五五年)、『人間論』(一六五八年)を、八〇歳を間近にして『哲学者と法学徒との対話——イングランドのコモン・ローをめぐる』(一六六六年頃)と『ビヒモス——一六四〇年から六〇年の内乱』(一六六八年頃)を書いている。なお、ビヒモスとは旧約聖書ヨブ記第四〇章にでてくる「陸の戦争」の怪獣である。

したがってホッブズの全著作を通読すると、われわれは一七世紀全体にわたる——あいだに二〇年間のピューリタン革命をはさむ——イングランドの政治問題や思想問題をホッブズがどのようにとらえ、それにたいしてどのような解決策を提起していたかを知ることができる。ホッブズこそが、近代イギリスの出発点となった「市民革命」の「真の生き証人」であったといえよう。

オクスフォード大学時代

とはいえ、ホッブズも、最初から学問を研究して、激動期のイングランドの政治をめぐる諸問題を解決する思想家になろうなどと考えていたわけではあるまい。そこにいたるまでには、さまざまな紆余曲折があったはずである。ホッブズの父親はイギリス国教会の貧乏牧師で、ホッブズ一二歳のときに蒸発し(一六〇〇年)、その後ロンドンあたりで人知れず死んだといわれている。

ふつうであればホッブズの未来はそこで閉ざされていたかもしれない。しかし、ホッブズには手袋製造業で裕福であった父方の伯父——郡の参事会員(郡長)もつとめていた——がいて、父の蒸発後ホッブズきょうだい(兄と姉または妹)を引きとり(兄はのちに子供のいない伯父の家業を継いだ)、秀才のほまれ高いホッブズ少年をオクスフォードのモードリン・カレッジの付属学寮（マリア・マグナレーダ・ホール）へ入寮させてくれた。一六〇二年、ホッブズ一四歳のときであった。オクスフォードへの入学、これこそがホッブズの人生における第一の決定的な契機となったのである。ホッブズがなぜ他のカレッジではなくモードリン・カレッジへ入学したかはしかとはわからない。ただ、ホッブズは八歳のときから、このカレッジ出身のラティマーの私塾に通い、そこでギリシア語やラテン語などを習い、抜群の成績をあげていたことと関係があるのかもしれない。

大学でのホッブズの勉学態度についてもよくはわかっていない。『ラテン詩自伝』によれば、難解な論理学や自然学に取り組んでいたが、スコラ哲学の基礎とされていたアリストテレスの倫理学は嫌悪していたようだ。なお、当時の大学では、まだ幾何学は「魔術」であると考えていたとホッブズは述べている。また、町の製本屋ではよく地図を眺めていたと書いている。のちにトゥキュディデス（前四六〇／四五五—前四〇〇頃）の『歴史』を翻訳し、革命前に三度も大陸旅行をしたホッブズが、世界地図を眺めながら遠く古代ギリシアやローマの時代に思いを馳せ、また、ヨーロッパ大陸諸国への渡航をあれこれ夢みていたのではないかと想像することは許されるであろう。

大学卒業（一六〇八年二月）にさいして、ホッブズは、モードリンの学寮長ジェイムズ・ハッシーから、当時たまたま長男の家庭教師を探していた学芸愛好のほまれ高い名門貴族キャヴェンディッシュ＝ハードウィック男爵（一五五二―一六二六。一六一八年にデヴォンシャー伯爵となった）へ推薦された。当時の「オクス＝ブリッジ」二大学の学生たちの多くは貴族や地主階級の子弟たちであった。かれらは「ナチュラル・ルーラー」（生まれながらの支配者）と呼ばれ、卒業後はそれぞれの生地にもどり、地方政治の支配者、行政の長や治安判事などの職に就くのがふつうであった。これに対し、ホッブズやロックのような中産層出身の学生たちは牧師、弁護士、医者、大学教授などの職を求めるしかなかった。若き日のロックが医者や大学教授の道を求めていたのはこのためであったろう。

したがって、ホッブズがキャヴェンディッシュ家の家庭教師に推薦されたのは幸運中の幸運であったといえよう。なぜなら午前中に貴族の子弟にギリシア語やラテン語、歴史、修辞学、文法などを教えたのちは自由に研究でき、住居や生活費、年金まで保証されるという好遇を受けたからである。このような地位をホッブズがえたということは、かれがいかに学業にすぐれ、真面目な大学生活を送った学生であったか、また、かれがいかに人に好まれる人柄であったかがわかろうというものである。キャヴェンディッシュ家につとめたこと、これこそが、かれがのちに世界の大思想家へと成長することになる第二の契機であったといえよう。

第二章　ホッブズ政治学の確立

キャヴェンディッシュ家へ

ホッブズは大学卒業から一六七九年に亡くなるまでの約七〇年間、キャヴェンディッシュ男爵(一六一八年以降はデヴォンシャー伯爵)家に仕えている。これは貴族の家庭教師・秘書というよりは、もはや家族の一員そのものとなっていたといってもよいであろう。ホッブズがこの一族の人びとに学問的にいかに高く評価されていたか、また人間的にいかに信頼されていたか、ということである。

オーブリーによれば、ホッブズの人となりは次のとおりである。「ホッブズは身の丈《たけ》六フィート(約一八〇センチ)。だれからも気に入られ、その快活な人好きのする性質や悪意のなさのゆえに人びとはかれと席をともにすることを喜んだ。かれの日常の座談は金言に満ちており、知力の点といえばその洞察力ははなはだ鋭く、かれはものごとを深く考えまたそれを分析するすぐれた方法と着実さを身にそなえていたので、めったに過ちを犯さなかった」。

ホッブズは、学芸保護を重んじたこの伯爵家とかかわる国内外のトップクラスの学者・政治家たちと知り合うことができた。また、豊富な財力によって収集された古典や歴史書、法学書や哲学書などをふんだんに読むことができ、さらには一六四〇年のピューリタン革命勃発以前に三度――このうちの一度は他の貴族の息子の付添い教師として――ヨーロッパ各地（フランス、イタリアなど）を回り、デカルト、ガリレイ、メルセンヌ、ガッサンディら高名な知識人たちと知り合うこともできた。そしてこの三度にわたる外遊こそが、ホッブズが近代政治学の創始者となるホップ・ステップ・ジャンプの全行程を飛び切ることを可能ならしめたといってよいであろう。

ちなみに、近代日本の最初の知識人福沢諭吉も、明治維新前にアメリカに二回、ヨーロッパに一回外遊している。先進諸国を訪問して知見を深めたことは、ホッブズや福沢の知的形成にとっていかに重要であったことか。福沢が江戸に出てきたのち、横浜見物に行ったさいに、これからの時代はオランダ語より英語のほうが重要であると気付き、いち早く英語に方向転換しているのは見事といわざるをえない。これにたいして日本の最初の保守主義者といわれた初代東京大学総理、文部大丞加藤弘之が、初代東京大学法学部長穂積陳重《のぶしげ》（一八五五―一九二六）の進言を受けて、一八八三（明治一六）年にドイツ法を東京大学法学部に導入し、官僚養成大学としての性格を強めていったのは興味深い。

ところでホッブズは、ピューリタン革命勃発直前の一六四〇年一一月、五二歳のときにフランスに亡命しているが、かれの「政治学体系」の基本はこの時期までにほぼできあがっていたと思われる。とすれば、一六〇八年から四〇年までの約三〇年間のデヴォンシャー伯爵家の時代が、ホッブズの学問形成にとって決定的に重要であったといってもよいであろう。ここでは、かれの政治学形成の事情とその内容について述べるまえに、まずはかれと伯爵家との関係について述べておこう。

古典と歴史研究

ホッブズは一六〇八年にキャヴェンディッシュ家の長男の家庭教師となった。長男はホッブズより三歳年下で、父男爵は年配者よりも、息子の話し相手になれる年齢の近い人物を推薦して欲しいとモードリン・カレッジの学寮長に頼んだらしい。ホッブズは、一六一〇年に青年貴族の世界旅行《グランド・ツアー》(当時はヨーロッパ旅行をそう呼んだ)に付添ってフランス、イタリアへ出掛けた。このときホッブズは、ヴェネツィア共和国を訪問している。当時、絶対王政に批判的であったイングランドの知識人や国会議員の多くはこの国を訪問していた。また『血液循環論』の著者ハーヴイをはじめとして医学者たちの多くは、医学研究の進んでいたパドヴァ大学に留学している。

ホッブズはヴェネツィアで、反アリストテレス主義者でモンテーニュ(一五三三―九二)の熱烈な信奉者であり、またベイコン(一五六一―一六二六)の愛好者でもあったパオロ・サルピ(一五五二―一六二三。教皇権力とイエズス会に反対、自然科学、医学を尊重)と会っている。反アリストテレス主義とは、アリストテレス哲学を用いたスコラ哲学を信奉する立場である。ホッブズが、スコラ哲学の基礎となったアリストテレス哲学を嫌い、ローマ教皇を批判し、また一時期(一六二三年)ベイコンの秘書としてかれの論文集のラテン語訳を手伝ったり、口述を筆記したりしたことは、ホッブズの第一回目(一六一〇―一三年)のヨーロッパ遊学と深く関係しているように思われる。なお、ベイコンはこのときホッブズの能力を高く評価している。

帰国後、ホッブズはキャヴェンディッシュ家の秘書となった。ホッブズは生涯独身だったが、当時は貴族の秘書は住み込みだったので結婚はしにくかったようである。ちなみにロックも同様である。余暇はエウリピデス、ソフォクレス、プラトン(前四二八/四二七―前三四八/三四七)、アリストテレスなどの古典を研究していた。ホッブズは『ラテン詩自伝』で、わが町、わが故郷マームズベリがイングランドにおける古典研究発祥の地であったと誇らしげに書いている。
かれはモードリン・カレッジに入るまえに、エウリピデス(前四八五頃—前四〇六頃)の『メディア』(前四三一年)をギリシア語からラテン語の韻文に訳し代え、師ラティマーに献呈している。エウリピデスはアイスキュロス(前五二五—前四五九)、ソフォクレス(前四九六頃—前四〇六)とともにギリシア三大悲劇詩人のひとりで、まえのふたりの詩人は、人間はいかに強力であっても神々には抵抗してもどうにもならないと考えていたのにたいして、エウリピデスは神々のことよりも人間の心理の動きを重視していた。のちにホッブズが「人間の本性」から出発して国家論を構築したのは、エウリピデス研究と関係があるように思われる。

またホッブズはギリシア・ローマ時代の歴史を研究し、トゥキュディデスの『歴史』(ペロポネソス戦争(前四三一—前四〇四年)史)の翻訳を一六二九年に出版している。マキァヴェリ(一四六九—一五二七)の『君主論』(一五三二年)が、『フィレンツェ史』(一五三二年)や『ローマ史論』(一五三一年)をふまえて書かれているのとくらべて、ホッブズの政治学書はきわめて抽象的かつ論理的に組み立てられているので、ホッブズは歴史研究に弱いと誤解されがちであるが、ホッブズほどに歴史や思想史を研究している者はいないのである。そのことはトウキュディデスの『歴史』を翻訳したり(この書はヘロドトス(前四八四頃—前四二五頃)の『歴史』(前四二五年頃)が「ギリシアとペルシア」とのいわば対外的な戦争(ペルシア戦争、前四九二―前四四九年)の原因と経過を叙述しているのにたいして「アテネとスパルタ」の内戦を分析したもので、ペリクレス時代のような安定した民主政治が国内平和の条件であることを述べている)、王政復古(一六六〇年)期に、革命前の政治・法学論争をあつかった『哲学者と法学徒との対話』(一六六六年頃)、さらにはピューリタン革命自体を分析して内乱の原因や国内平和の条件を考察した『ビヒモス』(一六六八年頃)を書いていることからもわかる。とすれば、ホッブズ思想を理解することは、かれの歴史分析を知ることなしにはとうてい不可能であることがわかるであろう。

第二回・第三回の大陸旅行

一六二八年、二代目デヴォンシャー伯爵が三七歳の若さで亡くなり、ホッブズは一時期、伯爵家を去ることを余儀なくされた。この年、チャールズ一世の「大権支配」を批判した「権利の請願《ペティション・オブ・ライト》」がだされ、この頃より議会と国王の対立が激化した。ホッブズはのちに、青年伯爵と過ごした時期は至福のときであったと回想し、余りに遊びすぎてラテン語を忘れ、その記憶をとりもどすのに苦労したとも述べている。かれ四一歳、まだまだ働き盛りであり、これで万事休すかと思われたが、幸いなことにスコットランドの貴族サー・ジャヴェス・クリフトンの子息の大陸旅行(一六二九―三一年)の付添い教師として、約一年半パリやオルレアンで過ごし、そのあいだに、かの懐かしのヴェネツィアを再訪している。

この大陸旅行中に、ホッブズはある貴族の書庫でユークリッド(前三〇〇年頃)の『原論』第一巻に出会い「幾何学と恋に陥った」と述べている。一六世紀中葉から一六四〇年にピューリタン革命がはじまるまで、幾何学はロンドンでは貿易学者、商人、自営業者、大工、測量士などの必須の学問とされていた。ホッブズの政治学が幾何学のように正確であるといわれるのは、このためなのかもしれない。

そして二年後の一六三一年に故二代目デヴォンシャー伯爵夫人によって、三代目伯爵(一六一七―八四)の家庭教師として呼びもどされた。ホッブズは強運の人といわざるをえない。一六三四年一月には、教え子のデヴォンシャー伯爵(少年伯爵はきわめて覚えが早かったとホッブズは述べている)とロンドンに出掛け、そのさいガリレイの『天文対話』(一六三二年)を購入しようとしたが、入手できなかった。

またホッブズは、この年の七月か八月に一週間ほど里帰りしている。ホッブズが師ラティマーのところにあいさつに行ったとき、私塾で学んでいた八歳のオーブリー少年と出会った。オーブリーの『名士小伝』によれば、「おらが町の有名人ホッブズ」を間近に見て胸が高鳴ったとある。オーブリーが『名士小伝』のなかで、とくにホッブズのために一章を設けたのもうなずける。ホッブズの里帰りはこれが最後であったようだが、かれはこの年の終わりに二代目伯爵を連れて三回目の大陸旅行（一六三四―三七年）へと出掛けている。

三回目の大陸旅行は、ホッブズにとってきわめて大きな意味をもった。ひとつは、フランス、いやヨーロッパ随一の学術サロンの当主で、ホッブズと同年輩のミニモ会修道士メルセンヌ（一五八八―一六四八）のサロンに出入りできるようになったからである。そしてメルセンヌのサロンを紹介したのは、ホッブズの最初の教え子である二代目デヴォンシャー伯爵のいとこにあたるニューカスル伯ウィリアム（一五九二―一六七六。ホッブズが『法の原理』で「献呈の辞」を捧げた人物）であった。ウィリアムは内乱のさいには国王軍の司令官として活躍したが、同時にかれは馬や光学（望遠鏡）の研究者であり、弟のチャールズはすぐれた数学、光学、弾道学の研究者として有名であった（ホッブズが『天文対話』を探したのは弟チャールズに頼まれたからであるらしい）。

かれらは大陸の哲学者や科学者たちと文通し、また、フランスの哲学者、物理学者ガッサンディ（一五九二―一六五五。エピクロス、ルクレティウスの唯物論的原子論を研究、デカルトやスコラ的アリストテレスの学説に反対した）や、デカルトなどに財政的援助をしていたようだ。ホッブズは三代目伯爵の家庭教師として呼びもどされたときにウィリアムとチャールズの兄弟と知り合い、この一族の代理人・顧問としても働いている。ホッブズはデヴォンシャー伯爵家と同じく、ニューカスル伯爵家でもその実務能力を高く評価されていたことがわかる。ホッブズが三回目の大陸旅行に出発するさいに、ニューカスル伯爵はメルセンヌに紹介状を書き、また大陸の数学者や哲学者に宛てた書簡を託している。

三回目の大陸旅行で、ホッブズはメルセンヌ、ガッサンディ、デカルト（実際に会ったのは一六四八年だったらしい）など多数の知識人たちと面識をえた。一六三六年の四月頃には、フィレンツェ近郊のアルチェトリイの寓居にガリレイをたずねている。やや大げさにいえば「世紀の会見」ともいえるこの二人の大学者の会見にさいして、最晩年の老ガリレイと、働き盛りの五〇歳ちょっと手前のホッブズはいったいなにを語り合ったのであろうか。ホッブズが『ラテン詩自伝』のなかで「イタリアを旅しつつ余暇を楽しんだ」とだけしか書いていないのは、まことに残念である。『自伝』を書いたさい、すでに八四歳になっていた老ホッブズにとって、ガリレイとの会見はそれほどかくさねばならないほどに危険なことであったのだろうか。

哲学体系の構築へ

一六三七年に帰国したホッブズは、旅行中から温めていた『物体論』『人間論』『市民論』の三部作からなる哲学体系の執筆準備にとりかかる。しかし当時のイングランドは「船舶税《シップ・マネー》」(チャールズ一世がロンドンその他の海港市に沿岸防備のためにと称して船舶や船員の提供、一〇シリングの納税を命じたもの)の裁判(一六三四―三七年)をめぐって国王と議会の対立が最高潮に高まりつつあり、下院の有力議員ハムデン(一五九四―一六四三)の指導する全国的な「反税闘争」が展開されていた。事態は容易ならぬ状況にあった。このため、ホッブズは『物体論』から『人間論』『市民論』へといたる哲学体系の執筆順序を急遽入れかえて、『市民論』および『人間の本性』と「政治体について」を内容とする『法の原理』を書き、一六四〇年五月九日の日付で、かねてより政治原理の執筆をすすめていたニューカスル伯ウィリアムに捧げている(当時は手稿のまま)。

ホッブズは王政復古後に書いた『物体論』の序文で、「自然の哲学」はガリレイに、「人体の科学」は、『血液循環論』(一六二八年)の著者で、ジェイムズ一世、チャールズ一世の侍医も務めたハーヴィ（一五七八―一六五七）に先んぜられたけれども、「社会の哲学」はこのわたくしにはじまる、と書いている。これをみると、ホッブズは「自然哲学」「人間論」を分析したのち「政治哲学」を構築しようとしていたものと思われるが、ホッブズの思想体系のうちでもっとも重要なのは「政治哲学」であったということがわかる。この意味で、ホッブズの最初の政治学書である『法の原理』は、かれの思想体系上きわめて重要な位置を占めているといえよう。

ホッブズ、最初の政治学書『法の原理』を書く

『法の原理』は、手稿のままで王党派のあいだで回覧された。「主権（国の統治の最高権力）はひとつでなければならない」と主張したことによって、議会の主張する「制限・混合王政論」にたいして王権を擁護したものとして歓迎されたようである。なお、「制限・混合王政論」とは、国王の権限は（議会で作る）制定法やコモン・ロー（裁判の判決例）によって、また（国王・上院・下院から成る）議会によって二重に制限されるというイングランド伝統の政治思想で、この点については国王も議会も一五―一六世紀ごろまでにはほぼ同じ考えをもっていた。

ただし、ホッブズの政治学は「主権の欠如」が内乱の原因であると考えていて、『法の原理』

もチャールズ一世を直接に擁護したものではない。しかしセント・デイヴィッドのマナリング主教がホッブズの学説を述べたというかどで長期議会（一六四〇―五三年のいわゆる革命議会）によってロンドン塔に入獄させられたこと、また議会が、絶対王政を主導していた大臣ストラッフォード伯爵（一六二八年に「権利の請願」をチャールズ一世に突き付けたときの議会側の中心人物であったが、その後国王派へ転向）への弾劾をはじめたため、「恐怖との双子」ホッブズは身の危険を感じて一六四〇年末にいち早くフランスへ亡命した。

では、ホッブズが『法の原理』を書くにいたった理由とはいかなるものであったか。これは恐らく、いやまちがいなく、一六三四年に起こったチャールズ一世の「船舶税」課税に端を発する、国王と議会の対立が激化した当時の最重要政治事件を解決しようとして書かれたものと思われる。「船舶税」事件こそ、「ピューリタン革命」の導火線であったのである。

ところで人は、ホッブズが『法の原理』を書いたことによって、かれを王党派寄りの人物ときめつけがちである。しかしホッブズの政治学には、王党派・議会派という単純な分けかただけでは片付けられないものがある。かれは、人間の「生命の安全」を守るために、どうすれば「戦争」や「内乱」（革命）を防ぐことができるかという問題を第一に考えていた。すなわちかれは、自己の政治原理（「自己保存《セルフ・プリザベーション》」を保証するための「平和第一主義」）を一貫して主張し続けたのである。

そのことは、かれがのちに書いた主著『リヴァイアサン』(一六五一年)の序文を読めば一目瞭然であろう。かれはここで、こんにち、あまりにも大きな「権力」を欲する人たち(王党派)とあまりにも大きな「自由」を欲する人たち(議会派)がおり、自分はこの両派のあいだをすり抜けて——これはひじょうに困難なことだがといいながら——「人間の生命の安全と平和」のためには「権力はなぜひとつでなければならないか」ということを述べているのだ、と書いていることからもわかる。そしてこの政治原理と政治姿勢は、革命前に書かれた『法の原理』と革命成功後のクロムウェルの時代に書かれた『リヴァイアサン』においてもいささかの変更もみられないのである。

かれは、フィルマー的な「王権神権説」とも議会派の「制限・混合王政論」とも異なる、「人間の」「人間による」「人間のための」まったく新しい政治学を構築しようとしていたものと思われる。しかしその構想は、当時の人びとにとってはあまりにも新しすぎ、またあまりにも原理主義的であったため、王党派からも議会派からも理解されず拒絶反応にあったのであろう。しかしこの政治姿勢は、かれの政治学の三部作『法の原理』『市民論』『リヴァイアサン』を通じて一貫しており、「生命の安全」と「平和の確保」という原則を保持し続けたことによって、ホッブズは、二一世紀の現代にいたるまで影響を与え続ける近代政治学の創始者としての栄誉をかちえたのである。

ではかれは、このような原理や立場をいかに学んだのであろうか。これを解明するには、まず第一に、ホッブズの政治思想を知るうえで重要な、議会の主張する「制限・混合王政論」を分析する必要がある。第二に、ホッブズが新しい政治学を構築するうえでどのような先行理論から学んだかも明らかにすべきであろう。これまでのホッブズ研究は、ホッブズの政治学を哲学的に分析し解釈することが多く――これももちろん重要だが――「国王大権論」と「制限・混合王政論」との対立抗争とか、ホッブズがその政治学を構築するうえでいかなる先行思想を用いたかについての研究がほとんどみられないように思われる。しかし、このふたつの問題が解明されなければ、ホッブズの政治思想はとうてい真に理解されないであろう。

「制限・混合王政論」と「国王大権論」

ホッブズは、国王と議会が、「イングランドの政治は国王と議会の協同によってうまくとりしきられる」という伝統的な二重権力論（「制限・混合王政論」）を主張している限りは、だれが主権者かをめぐる国王と議会の闘争は永遠に決着しないとみていた。そして、この二重権力論というイングランドの政治方式は、ジョン王(一一六七―一二一六)が「大評議会」(二九人の大貴族と都市大商人からなる合議体。この頃はまだ、こんにちの議会のようなものはなかった。国王・上院・下院からなる議会という形ができあがるのは一二九五年の「模範議会《モデル・パーラメント》」以後のことである)に課税を要求したときに、大評議会が「(われわれの)承諾がなければ課税することはできない」という条件を「マグナ・カルタ」(一二一五年)という形で国王に突き付けて国王に承認させたときにはじまる。

以後イングランドでは、国王のもつ「大権」をいかに縮小し、議会の権限をいかに拡大するかという形での争いが続いた。大権とは、議会と相談しなくとも国王の自由な意志によって決めることのできる権限、たとえば立法権、課税権、官吏任命権、条約承認権、宣戦講和権などを指す。したがって、中世から近代にいたる民主主義の発展は、議会が国王のこれらの権限をひとつずつ奪いとっていく過程であったといえよう(明治憲法では、周知のように以上のすべての権限は天皇にあるとされた。戦前の日本が「絶対主義」の時代とよばれたのはこのためである)。その争いのなかで「国王の権限は法(制定法、コモン・ロー)によって、さらには議会によって制限される」というイギリス伝統の「制限・混合王政論」が形成され、イングランドでは一六世紀末頃までに議会とくに下院が立法権や課税権（承認なければ課税なし）を有することになった。こうしてヨーロッパの君主国では、イングランドにおいてのみ議会が存続しただけでなく、国政に重大な影響力を与えることのできる——といっても当時の議会はいまだ数年あるいは数十年に一回、国王のつごうで召集されるにすぎなかったが——地位を獲得していったのである。

これにたいして、フランスでは国王が絶対権力を握り、とくに「太陽王」とよばれたルイ一四世（一六三八—一七一五）の「朕は国家なり《レ・タ・セ・モア》」ということばに象徴されるように、一六一四年から一七八九年のフランス革命までの一七五年間、議会はまったく開かれず、「絶対王政」の時代が続いた。ドイツでも「農民戦争」（一五二四—二五年）以後、各領邦《ラント》における身分制議会の権限はほとんど失われてしまったのである。

他方イングランドにおいても、一七世紀に入って、国王と議会の調和・協力・均衡という多年にわたって築きあげられてきた政治思想に重大な変化が起こった。エリザベス一世（一五三三—一六〇三）が亡くなり、スコットランド王ジェイムズ六世がイギリス国王ジェイムズ一世（一五六六—一六二五。在位一六〇三—二五）となったからである。ジェイムズ一世はスコットランド王時代に『自由王政の真の法』（一六〇三年。自由王政とは国王が自由に政治をおこなうことであると主張）を書いて、国王の権力は神が授けたものであるから絶対であるという、フィルマー流の王権神授説《ディヴァイン・ライト》を高言していた。このためかれは、イングランド伝統の「制限・混合王政論」を理解できず、国王と議会の対立が激化した。この対立はジェイムズの子チャールズ一世(一六〇〇―四九)の治世になってもひき続き起こり、議会は一六二八年に「承諾なければ課税なし」という要求を盛り込んだ「権利の請願」を国王に突き付け、以後国王は、一六四〇年五月に「短期議会」(わずか三週間足らずで解散されたので「短期議会」と呼ばれる)を召集するまでの約一一年間議会を召集しなかった。とはいえ、王権を維持していくためにはなんらかの方法で財政的基盤を確保する必要があった。そのひとつとして考えられたのが「船舶税」であった。

船舶税令は国王大権を用いて、いまは緊急事態であり、「国の安全」を守るという理由で発せられたが、国王はその問題をさらに裁判所にもち込んだ。なぜなら、そこで勝訴すれば、国王の課税は、より合法的なものになると考えたからである。この裁判闘争は一六三四年から三七年まで三年間続いたが、裁判所は、八対七でかろうじて国王側の勝訴を宣した。この判決では「国王は国の危急にさいしては国王の判断で税を徴収できる」とされた。こうして国王は「危急である」と判断すればいつでも課税できるということになった。

もはや国王と議会のあいだには妥協の余地はなかった。国王が一六四〇年一一月三日に「長期議会」(一六四〇―五三年)を召集すると、議会は国王の大権支配に反対し、ここにイングランド史上初の内乱(はじめは議会内闘争、四二年の夏からは武力闘争に入った)、すなわち世にいう「ピューリタン革命」がはじまったのである。ホッブズは一六三七年に帰国後、イングランドのこうしたきびしい政治状況を目のあたりにし、『物体論』『人間論』『市民論』という順序で書こうとしていた哲学体系の順序を急遽入れかえて、『市民論』すなわち「政治学書」を執筆することにし、国内政治を恒久的に平和にする思想と方策とはなにかを王党派にも議会派にもアピールしようとして、『法の原理』を書いたものと思われる。

なぜ『法の原理』を執筆したのか

いよいよホッブズ政治学の最初の著作『法の原理』の内容について述べるところにきた。『法の原理』がピューリタン革命前夜のきびしい政治的危機状況のなかで、いかにして国内平和を確立するかの処方箋として書かれたものであるかについては述べた。では、ホッブズはいかなる方法によって国王と議会の対立を解決しようとしたのか。

内乱(革命)前夜のイングランドにおいて国王と議会がそれぞれ依拠した理論は、これまで述べてきたとおり「国王大権論」と「制限・混合王政論」であった。国王側の狙いは「大権の内容」を拡大していって、最終的には「危急事態」という名目によって自由に課税できる権限を合法化することにあった。そしてこうした「大権の拡大化」は、一五―一六世紀中に「国王には国を守る重要な権限がある」とか「国民の平和と安全を守るために、国王には絶対的権力がある」（絶対王政という名称はここからきている）と称して、イングランドの国王もヨーロッパ大陸の絶対君主たちと同じような絶対的権力をもちうることにしようとした。その「天王山」ともいえる「天下分け目の闘い」が船舶税事件であった。そして、この裁判闘争で国王が勝訴したため、もはや国王と議会の和解は事実上不可能になったと思われた。

いまや国王は「国王大権の拡大化」から「国王絶対主権論」へ、議会は「制限・混合王政論」から「議会主権論」へと突き進んでいくこととなった。こうした政治論争を目前にして、全国民の「生命の安全」を最高善とし「自己保存」を政治の目的と考えていたホッブズは、両派にたいして「平和への道」を提案する決意をし、その「原理」と「方策」を書いたのが『法の原理』であった。

『法の原理』の内容

『法の原理』は分量にして日本語の原稿用紙(四〇〇字)約五〇〇枚ほどの小作品であり、二部構成になっている。第一部は「自立的人格としての人間について」、第二部は「政治体としての人間について――法の性格と種類について」となっている。

わかりやすくいえば、第一部では「人間の本性」を分析し、「人間にとっての最高善」は「生命の安全」(自己保存)にあること、それを実現するためには人間が「力を合成」(社会契約《ソーシャル・コントラクト》)して「共通権力《コモン・パワー》」を作り、国家や法律もない「自然状態」において生まれつきもっていた「自然権《ナチュラル・ライト》」(生きる権利)を放棄して(具体的には、武器を用いて闘争や戦争することをやめ)、「共通権力」を作ることを契約(社会契約)した全員の「多数決」によって「代表」(主権者)を選び、代表の作る「法律」(市民法)にしたがって平和に生きよと述べている。第二部では、当時の政治社会において解決されるべきもうひとつの最重要課題、「政治と宗教」の問題の解決策を述べている。そして、これらのホッブズの解決策は当時の国王派や議会派にとってはまったく予想外の内容であった。

では、なぜホッブズは、そのような思想と理論を用いて国王と議会の対立を解決しようとし、人間の自己保存を中心とする政治学を提案したのであろうか。

「人間」が中心

ホッブズは、政治学や国家論を論じるさいに「人間」を中心に置いている。それまでの政治学では、「ポリス」や「家族」からその論をはじめていた。ホッブズはなぜ「人間」からはじめたかというと、それは国王側にも議会側にもくみせず論じるためには、「人間」という立場――王党派も議会派も人間という点では変わりはない――から論じるほかなかったからである。

ホッブズはしばしば王党派寄りであるといわれ、ホッブズ政治学の王党派的立場を強調する人たちがいる。たしかにホッブズはデヴォンシャー伯爵家の秘書であったから、王党派の知人が多数いたことはいうまでもない。ただ、ホッブズはオクスフォードの出身者であったから、その仲間には王党派も議会派もいたであろう。

ホッブズは「ロード＝ストラッフォード体制」を推進した「絶対主義者」のたぐいではなかった。事実かれは、三回目の大陸旅行の帰国後からフランスに亡命するまでの短いあいだでは あったが、二代目フォークランド子爵ルーシャス・ケアリ（一六一〇頃―四三）の邸宅のあるグレートチュー（オクスフォードから一二マイル〈約二〇〇〇〇メートル〉ほどしか離れていない）での会合に参加しているが、ここにはシドニィ・ゴドルフィン（一六一〇―四三）やクラレンドン（一六〇九―七四）などが出席していた。そしてこれらの人びとは、大権支配を推進する「ロード＝ストラッフォード体制」には反対していた穏健な王党派や制限・混合王政論者たち（議会派）であったから、恐らくホッブズも、極端な王党派や議会派ではなかったと思われる。

ホッブズは、「人間」にとってもっとも重要なことは「生命の安全」であると考えていた一個の思想家であり、いかなる党派にも属さなかったから、王党派からも議会派からも批判・攻撃されたのであろう。

ホッブズ政治学のエピクロス的性格

では、「国王大権論」でもなく、「制限・混合王政論」でもない政治学を組み立てるとすれば、どうすればよいのか。結論からいえば、ホッブズは、古代ギリシア末期の思想家エピクロス（前三四二／三四一―前二七一／二七〇）の政治思想を用いて「ピューリタン革命期」の国王と議会の対立を解消しようとする、まったく新しい「近代国家論」の原理を構築したのである。

とすれば、ホッブズはどのようにしてエピクロスの政治思想に接近しえたのであろうか。それは、ホッブズが第三回目の大陸旅行のさいに、フランスのメルセンヌのサロンでガッサンディと出会ったからではないか、と思われる。ガッサンディはエピクロスの思想を中世に伝えたルクレティウス(前九九頃—前五五)の研究者でもあった。もっとも、ホッブズもそれ以前にエピクロスやルクレティウスについて学んでいたかもしれない。しかしエピクロスとルクレティウスの研究者であったガッサンディと親交を結ぶようになった——『ラテン詩自伝』によればホッブズはことのほかガッサンディと仲が良かったようである——ことが、大いに関係があったと断じざるをえない。ちなみに、ロックがガッサンディやデカルトを読みはじめたのは、ホッブズより三〇年ほど遅い一六六六年頃である。

ドイツの哲学者ディルタイ(一八三三—一九一一)、ギリシア哲学の権威ツェラー(一八一四—一九〇八)、『啓蒙主義の哲学』(一九三二年)で有名なカッシラー(一八七四—一九四五)などを読むと、かれらはみなホッブズの思想にはエピクロス的性格があると指摘している。しかし、それがどのようにホッブズの思想に継受されたかについての具体的な説明はない。そこで、エピクロスの思想のギリシア語と英語の対訳本であるベイリの『エピクロス』(一九二六年)や、ハースの『一六・一七世紀の哲学にみられるエピクロス的国家・法哲学の影響について』(一八九六年)を読むと、たしかにエピクロスのホッブズへの影響がみられる。とくにベイリの本を読むと、原子運動にもとづく人間の感覚論(認識論)、人間を生命運動としてとらえるやり方、自己保存、自然状態、自然権、自然法、社会契約などのエピクロスの理論は、ホッブズ政治学や国家論の組み立て方とほとんど同じであることに驚嘆させられるのである。

エピクロスといえば、戦前の日本においては、ストア派との対比においてじだらくな「快楽主義者」としてその評判ははなはだ芳しくなかった。その点では、マキァヴェリも「目的のためには手段を選ばない」権謀術策を主張した政治思想家として、また「最大多数の最大幸福」を唱えたベンサムは「功利主義者」「個人主義者」「快楽主義者」として、「国家への忠誠」と「精神主義」を高唱していた戦前の国家主義日本では忌み嫌われた。

しかし、エピクロスもマキァヴェリもベンサムも偉大な政治思想家であった。興味深いことに、共産主義の創始者マルクスの博士論文のタイトルは「デモクリトスとエピクロスの自然哲学の差異について」(一八四一年)である。マルクスはエピクロスの唯物論(自然の働きを運動論で説明する考え)のなかで、エピクロスの運動論は「横にそれる」ことを認めているから、そこに「自由」の契機があるとして、「エピクロスの哲学」の優位性を述べている。こうみてくると、ホッブズは、ヨーロッパ中世封建社会における支配的思想であるキリスト教思想に対抗する最良・最強の思想としてギリシア末期のエピクロスの哲学を採用したのではないかと思われる。

これまで、ホッブズが『法の原理』を書くにいたったイングランドの政治状況、そのさいかれが国王派、議会派のいずれの側にもくみせず、「正しい政治」とはいかにあるべきかを純粋に原理的に考え、またイングランド国民の「生命の安全」をはかるためにはどういう思想を構築すべきかを提起したかについて述べてきた。

では、かれがその政治にかんする最初の小さな著作に『法の原理』というタイトルをつけたのはなぜか。それは、第一部ではイングランド国民に「生命の安全」のためには「共通権力」を作り、代表を選出して国家＝コモンウェルスを設立することをすすめる思想原理すなわち「自然法」について、第二部では「コモンウェルスの安全」をはかるために必要な「市民法」を守るべき原理について述べていたことによる。そして、「自然法」と「市民法」を組み合わせて「生命の安全」と「国家の安全」を体系化した政治学はそれまでになかった。ホッブズが近代国家論の創始者といわれるのはこのためである。以下、『法の原理』においてホッブズが構築した政治学について述べることにしよう。

ホッブズ政治学の特徴(1)
――「人間」中心――

ホッブズがその政治学を構築するさいに「人間」を基本単位にした理由については前述した。では「人間」を政治学の基本単位としたメリットはどこにあるのか。

ホッブズは政治学を構築するにあたっては、まずエピクロスにならって「人間の本性」を分析することからはじめる。人間が色や音やにおいを認識するのは、外部からそれらの粒子(原子)が飛んできて、人間に刺激を与えると人間の内部から「小さな運動《エンデヴァー》のきざし」が起こる、すなわち、人間にとっての色や音やにおいなどは人間が構成したものだというのである。ホッブズは色や音やにおいを認識する能力を感覚とよび、感覚は人間が主体的に構成すると述べたのである。

哲学の世界ではデカルト(一五九六―一六五〇)が、『方法序説』(一六三七年)において「われ思う故にわれあり《コギト・エルゴ・スム》」と述べたことによって、またカントが、認識の主体は人間にあると主張した(『純粋理性批判』一七八一年)ことによって、二人は人間の主体性を主張した近代最初の哲学者といわれるが、ホッブズこそが、近代において「運動論」と「認識論」を組み合わせて人間の主体性を主張した最初の人ではないのか。当時は「人間」は「神のまえ」では「神の似姿《イ・マ・ゴ・ディ》」とされ、社会や国家における主体とは考えられていなかった。とすればホッブズが人間を政治学考察の出発点とした意味はきわめて大きい。しかし人間を運動体として説明したことによって、ホッブズは唯物論者・無神論者としてあらゆる方面から非難攻撃される――デカルトも無神論者といわれた――こととなった。

ホッブズ政治学の特徴(2)
――生命の安全(自己保存)――

人間を運動論によって認識の主体としてとらえたことがホッブズ政治学の第一の特徴であるが、人間を運動論でとらえたことは、人間にとっての最高善は「生命の安全」(自己保存)であるという考え方につながるものとなった。中世封建社会においては、封建領主や絶対君主に逆らえば、また当時の宗教界ではローマ法王に反対すれば「異端」の烙印を押されることによって、容赦なくその生命が奪われた(火あぶりの刑に処された)。

こうしたなかでホッブズは、人間は生まれてから死ぬまで運動し続ける存在――呼吸運動、血液循環、細胞分裂など――としてとらえることによって、「生命運動」を助長する行為は「善」、「生命運動」を疎外する行為は「悪」――この意味では、戦争は最高の悪である――とした。ここからホッブズは、人間にとっての最高善は「生命の安全」すなわち「自己保存」にあるとする。ホッブズは「人間」を死に至るまで生命運動を続ける存在としてとらえたことによって、「生命の安全」を最高善へとつながる基本原理としたのである。

ホッブズ政治学の特徴(3)
――「自然状態」――

ホッブズ政治学の第三の特徴は、「国家形成の原理」を述べるさいに再びエピクロスを援用して、「自然状態」という概念をもちだしてきたことである。アリストテレスやボダンは「ポリス」や「家族」を国家形成の基盤としたが、ホッブズは法や国家もない「自然状態」をもってきた。それは「人間」の「生命の安全」をはかるうえで国家を作ることがなぜ必要かを説明するためであった。

「自然状態」とは、法や国家もない状態で、エピクロスのばあいは「平和状態」として描かれている。ホッブズは、「自然状態」はもともとは「平和」であるが、「人間の本性」は欲求の充足を求めるものであり、また身体や判断の能力において人間は平等であるから、そこに争いが起こる。ましてや災害その他の非常事態が起こると「生命の安全」を求めて争いが起こるという。ホッブズはこの状態を、有名な「万人の万人にたいする闘争状態」という形で表現している。「自然状態」論――ここでホッブズはイングランドの「国王と議会」の抗争を想定していたのであろう――を用いることによって、ホッブズは「人間」がその「生命の安全」をはかるために政治体(コモンウェルス)を設立する必要性を導出するのである。

アリストテレスやボダンの政治学では、人間は「社会的動物である」ことから国家を形成するとしていたが、ホッブズのばあいには「自然状態」における不安定な状態から人間が主体的に抜けだす方法・目標として示されていたのである。

ホッブズ政治学の特徴(4)
――自然権の放棄と社会契約――

ホッブズは、自然状態において、人間は生きるためにはなにごとをもなしうる権利(自由)をもっており、その権利をかれはエピクロスにならって「自然権」と呼んでいる。しかしそのような「自由」と「自然権」をもつことは、例外(非常)事態が発生すればかえって「万人の万人にたいする闘争状態」を生みだすことになる、とかれはいう。このように説明することによって、ホッブズは人びとに「生命の安全」(自己保存)を守るための方法を提起する。それが「社会契約」の方法である。

ホッブズは自然状態においても、人間は「理性」をもっているから、「生命の安全」をはかるための「行動」の「最後の欲求」である「理性の戒律」＝「自然法」の教えに従って「自然状態」におけるような「自分の生命は自分で守る」(自然権＝自由)ことをやめて、つまり各人がもつ「自然権を放棄」して(たとえば武器を放棄して)、各人が「力を合わせて」(「力の合成」)、「共通の力」を形成する契約(社会契約)を結びなさい、という。そしてこの「共通権力」は、国王権力・議会権力・教会権力のような特殊利益を追求する諸権力よりも強い力であるが、しかし「共通権力」を形成しただけでは、それはいまだキケローのいうようにたんなる群衆(マルティテュード)にすぎない、とホッブズはいう。

この自然権(自己保存)を貫徹するために自然権を放棄せよというホッブズの発想を、スイスの政治学者ダントレーブ（一九〇二―八五）は、その著『自然法』（一九五一年）において、中世的自然法（神の教えや人間が守るべき規則として哲学者や教皇が定めたこと）にたいして「自然権の圧倒的優位」と呼び、ホッブズ政治学の近代的・民主的性格を指摘している。

ホッブズ政治学の特徴(5)
——コモンウェルスと主権者の設立——

ホッブズは「共通権力」を設けて、それに参加した（つまりそれを作ることを契約した）人びと全員の「多数決」によって「代表」を選び、この「代表」を「主権者」と呼んでいる。そしてこの「主権者」には「強い力」を与えよ、とホッブズはいう。つまり人びとが「生命の安全」をはかる契約を結んだのにそれに違反する人が現れれば、「契約」は「空文《デッド・レター》」＝「絵に描いた餅」になるからだと、ホッブズはいう。

このことを目して、「主権者」に「強い力」を与えよというのは「絶対君主」を擁護するものであると、ホッブズはいっせいに批判された。しかしホッブズのいう権力とは、あくまでも契約を結んだ人びとが、自分たちの「生命を守る」ために設けたものであり、それに反する人びとを制するのは、人びとが同意して設けた「国家の安全」を守ること、すなわち「人びとの生命を守るため」に必要であると考えられているのである。ホッブズの「主権者」はのちのルソーの「一般意志《ヴロンテ・ジェネラール》」と同じく国民(人民)主権主義に支えられている。ここに、二〇世紀最大のイギリスの政治学者ラスキのいう近代国家における「権力」と「自由」の緊張関係《シュパンヌンク》(個人は国家がなにをしてくれるかで国家に忠誠を誓う)が描かれているのである。こうしてホッブズは、『法の原理』の第一部において、人間が「自分の生命を守るため」には強制力をもつ国家を形成することが必要であるという近代国家論の原理を提示したのである。

したがって、ホッブズは一方ではあまりにも強大な「権力」を主張する国王や王党派を暗に批判していたのであり、他方であまりにも大きな「自由」を要求する「議会」権力を批判していたといえよう。そしてこの考え方は、二年後の『市民論』において、また一〇年後の主著『リヴァイアサン』において、より明確に述べられているのである。ホッブズはピューリタン革命前にも、革命中にも、革命後にも、「全人民の契約」を基盤にする国家形成の原理をくずしていない。それゆえ、ホッブズは「王党派」寄りかあるいは「議会派」寄りかという観点からだけで論じるのでは、ホッブズの真の目的が「人間尊重の思想」にあること、また全人民の生命を守るためには「権力はひとつでなければならない」というホッブズの論理を理解することができない。近代国家においては「権力はひとつ」(国民主権、代表民主制)、「法はひとつ」(「法の支配」)であり、封建時代のように封建領主間の多数の権力が分散していたのとは異なる。ホッブズによってはじめて、ネーション(国民国家)の観念と人民(国民)主権の原理が提起されたのである。

ホッブズ政治学の特徴(6)
――政治と宗教の問題――

ホッブズが『法の原理』第一部において提起したのは、次のことであった。すなわち、人間が「生命の安全」(自己保存)をはかるためには、国や政府や法のない自然状態においては自分で自分を守る権利=自然権をもっているが、それでは「自己保存」が保障されないので、自然権を放棄するようにすすめる自然法(自然状態において人間がもっている「理性」の規範を集めた戒律)に従って契約(社会契約)を結んで「力を合成」し、「共通権力」(全員の力)を形成したうえで、多数決によって代表(主権者)を選んでコモンウェルスを形成し、人びとが「代表」の作る法律や命令を守る「平和な国家」や「政治社会」を作る。

こうした国家形成の方法を指示する「自然法」の理論を説明するために、ホッブズは聖書のことばをふんだんに援用している。『法の原理』第二部では、当時の論争のもうひとつの大きな争点であった宗教問題——のちに「内乱」が「ピューリタン革命」と呼ばれるようになったことを考えよ——を取りあげて論じている。ここで問題とされたのは、ひとつは宗教諸派間——カトリック、プロテスタント(ルター派、カルヴァン派)、独立派、セクツなど——の問題、ひとつは宗教と国家の関係をめぐる問題である。

第一の宗派間の問題については、当時の各宗派は自分たちの教義が唯一・絶対と考えていたから、その争いの解決はきわめて困難であった。これについてホッブズは「イエスは救い主《キリスト》である」という一点において和解せよ、と提案している。このホッブズの考えは、結局はのちの「宗教の自由」の考え方に行きつくであろう。ロックは「カトリック」と「無神論者」は法的には許されないとしているから、この点ではホッブズのほうがロックよりもはるかに民主的であったといえる。しかし当時にあっては、このような考えは各宗派ともとうてい受け容れがたかったであろう。無神論者をも法的に許容する——ホッブズも無神論者をしばしば批判はしているが——「宗教の自由」は、ホッブズから二〇〇年後、J・S・ミルの『自由論』(一八五九年)においてようやく明白に述べられていることを思えば、ホッブズの「イエスは救い主である」という一点で和解せよという提案がいかに早すぎたものであったか、一驚せざるをえない。

ホッブズは、キリスト者にとって必要不可欠な信仰は「イエスは救い主である」ということであり、そのことを「根本的なるもの」と呼び、それ以外のすべての教えは副次的なものとして上部構造と呼んでいる。徹底した共和主義者ハリントンは、主著『オシアナ』(一六五六年)において「政治構造」を「上部構造」、「土地所有関係」を「下部構造」と呼び、一六世紀から一七世紀にかけて大土地所有者層から中産者層(独立自営農民層(ヨーマン層))へと土地所有関係が変化したので、「上部構造」(政治形態)もそれに見あって「モナーキー」(一人支配)から「デモクラシー」へ変化したと述べ、革命によって絶対王政が打倒されてデモクラシーになったことを正当化している。そしてこの「上部構造」(政治構造・イデオロギー)と「下部構造」(経済構造)をめぐる問題——下部構造が変化すれば上部構造も変化する——は、のちに共産主義の祖マルクスの「革命論」の中核理論となった。

ちなみにアメリカの歴史学者ビーァド(一八七四—一九四八)は、その著『アメリカ共和国——アメリカ憲法の基本的精神をめぐって』(一九四三年)において、一六世紀にデモクラシーということばがイングランドへ入ってきたときには、デモクラシーということばは、ギリシア時代のひとつの政治形態をあらわしたもので、いい意味でも悪い意味でもなかった、したがってイングランドにおいてモナーキーよりデモクラシーのほうが政治的にすぐれていると考えられるようになったのは、クロムウェル政権期になってからのことであると述べている。

次に「国家と宗教」の関係については、新約聖書のことばをふんだんに引用しつつ、ホッブズは、「神の国」においては、人びとはキリストの教えに、さらに、キリスト教をひき継いだモーセ、十二使徒、七〇人の教父たちの教えに従っている、つまりキリストが再臨していない時代には、臣民は以上の人びとの教えに従っていた、と述べている。また「神の国」における牧師や教会の役割は、命令することではなく、人びとがキリスト者になるように説得しあるいはキリストの教えを伝えることである。したがって、キリストが再臨していないコモンウェルスの時代では、教会の役割は強制すること、ましてや破門によって処罰すること、すなわち人命を損傷することではないと述べ、またキリスト教国家においては教会が国家権力に介入する行為を否定している。このことは、暗にローマ教皇やカトリック教会が主権国家に干渉する行動を批判しているものといえよう。

さらにかれは、個々の教会や個人が主権者（君主）と異なる聖書解釈をすることも批判しているが、これはカトリックやピューリタンの聖職者たちを批判したものと考えられる。要するにホッブズは、国家（主権者）と宗教の関係については、外国の宗教勢力（ローマやジュネーヴ）の国家への介入を排除することによって「国内の平和」を確保せよと述べているものといえようか。

以上、ホッブズの最初の政治学書『法の原理』について述べてきたが、ここでかれは、まず国家は人民の意志によって構成されたもの、また国家が形成されれば主権者(代表)に強制力を与えて、国家の安全、ひいては「個々の人間の生命の安全」(自己保存)を守るという国家における「権力と自由」の関係を論理化している。次いでかれは一六―一七世紀のもっとも厄介な問題、すなわち諸宗派間の問題については各宗派(カトリック、ルター派、カルヴァン派、独立派、セクツなど)は、「イエスは救い主である」というただ一点において相互の教義のちがいを超えて平和に生きよと提言していたのである。

こうした考え方は、それから二年後の『市民論』、また一〇年後の主著『リヴァイアサン』においてさらに充実し、かつ整理された形で提起されるが、『法の原理』において、すでにかれの近代国家論(国家形成の理由、国家運営の方法、国家と宗教の問題)の基本的原理はほとんど作られていたといえよう。

ホッブズは「人間」を「運動論」と「認識論」によって国家構成の主体的存在としてとらえ、「人間」が「生命の安全」(自己保存)のために「契約」を結んでコモンウェルス(政治体、国家)を作り、そこに「代表」を設けて、「代表」の作る法律によって統治し統治されること、「国家権力」のもとで「個人の自由」と「生命の安全」（自己保存）を保持することという「近代国家の原理」（「法の支配」）を構築したのである。そしてこの考え方は、ギリシア・ローマ以来の民主主義の思想を受け継いだ「ルネサンスの思想」と「宗教改革の思想」とを接合し集大成したものといえよう。ホッブズこそが封建から近代へと転換する思想を最初に構築したのであった。

しかしこのホッブズの政治学は、きわめて原理主義的な、あるべき国家の姿を構想したものであったから、当時の人びとはもとよりのこと、その後、アメリカ独立戦争とフランス革命によって民主主義が大きく前進する一八世紀末までは、なかなかに理解されがたいものだったのであろう。

第三章　近代国家論の生誕

亡命第一号

一六四〇年一一月、ホッブズは長期議会(一六四〇―五三年)がはじまった直後、数千ポンドの財産を残したまま五〇〇ポンドほどを握って――この金額が外国での生活資金としてどれほどのものであったかはよくわからないが、あとは主家デヴォンシャー伯爵家からの送金をあてにしていたのかもしれない――、急遽フランス(パリ)に亡命した。恐らく亡命第一号ではないかと思われる。ちなみにホッブズは、かねて親交のあったシドニィ・ゴドルフィン(グレートチュー・サークルの主催者。一六四三年に王党派として戦死)から二〇〇ポンドを遺贈されているが、内戦中にあってどのような方法でそれがホッブズの手に渡ったのか、これまたわからない。いずれにせよかなり不安定な生活であったことにはちがいない。

ホッブズは「恐怖との双子」といいながら、結構思い切った大胆な行動をする人物であったのかもしれない。大英博物館にホッブズの書簡が残されているが、その筆跡はきわめて骨太で、力強くダイナミックなものである。ともかく革命前に三度大陸旅行をした経験から、フランスでの亡命生活を乗り切れると計算してのことであったのか。

ホッブズが亡命した理由は、『法の原理』で、「一国の平和を保つためには、主権者に強い力を与えなければならない」と書いたことで、国王を擁護したとして議会派から追及される恐れがあると考えたためとされている。しかし『法の原理』を正しく読めば、人間にとっての最高善は「生命の安全」（自己保存《セルフ・プリザベーション》）にあり、そのためには人びとは「力を合成」して「共通権力《コモン・パワー》」を作り、それに参加した人びとの多数決によって「代表」（主権者）を選び、「代表」の作る法律に従うべきだというホッブズの主張を理解することができ、特段国王を擁護したものではないとわかるはずである。

ホッブズの「国家論」は、「家父長制論」（聖書によれば、アダムは家族の長でありその権力は絶対であるから、アダムの末裔である各国の国王の権力は絶対である）を説いて、国王の絶対主権論を擁護したフィルマーの理論とはまったく異なる。しかし「代表」（主権者）に強い力を与え、主権者を選んだ臣民は主権者の命令に抗してはならないというホッブズの主張は、たしかに当時の状況下にあっては「国王主権論」に根拠を与えたととられても仕方がない面もあった。ホッブズの主張は、当時の国王と議会の対立のなかで、一国においては主権（最高権力）はひとつでなければならないこと、主権者は全国民の利益を代表しなければならないこと——これこそ近代国家の原理ではないか――を述べたもので、王党派と議会派の双方に「平和な国家」の在り方を説いたものであったが、当時の緊迫した革命状況のなかでは、そのような社会契約《ソーシャル・コントラクト》論的国家論はとうてい両党派に受け容れがたいものであったろう。

それどころか長期議会は、セント・デイヴィッドのマナリング主教がホッブズの学説を説いたというかどで、かれをロンドン塔に送っていたし、また長期議会は、国王の主席大臣であるストラッフォード伯爵(一五九三―一六四一)――ホッブズの二代目主人デヴォンシャー伯爵のいとこであるニューカスル伯爵はストラッフォードの後援者であった――にたいして「私権剥奪法」を可決(一六四一年五月)して反逆罪で処刑し(五月一二日)、また宗教担当大臣であったロード(一五七三―一六四五)をピューリタンを抑圧したかどで処刑しているから、ホッブズの大陸亡命という判断は正解であったのかもしれない。実際には、議会はホッブズなどさして問題にはしていなかったようだが。

ともかくホッブズは、一六四〇年一一月から五二年二月に帰国するまでの約一一年間、フランスでの亡命生活を余儀なくされる。この歳月、ホッブズはどれほど不安であったろうか。しかし、かれが革命中にイングランドを離れていたことで、王党派と議会派の直接対決に巻き込まれることなく『市民論』(一六四二年)や『リヴァイアサン』(一六五一年)を執筆することが可能になったことを思えば、この「亡命の不安」も十分にむくわれたのではないか。

『市民論』の出版

パリに亡命したホッブズはメルセンヌに温かく迎え入れられ、ホッブズも「メルセンヌのサロンはどこの大学よりも優っている」と述べている。知的環境が整っていたのであろう。不屈の人ホッブズは亡命という不安な生活のなかにあって、一六四二年にラテン語の『市民論』をパリで出版した。本書は匿名で刊行され、一六四一年一一月一日付で三代目デヴォンシャー伯爵に捧げられている。つまり、亡命後一年足らずで書きあげたのである。ホッブズが一六四〇年に書いた『法の原理』にくらべて、その内容はより体系的にわかりやすく整理されている。また『市民論』をラテン語で書いているのは、ヨーロッパ中の学者・知識人に広く読まれることを望んだためにちがいない。

ホッブズには、自分の国家論はたんにイングランドに向けてだけ――とくに王党派のために書いたもの――ではなく、全世界(ヨーロッパ)に向けて書いているのだという自負があったのではないか。その証拠に、ホッブズは一六四九年、『市民論』のフランス語訳を医師ソルビエールを通じて(ガッサンディの推薦によるものらしい)アムステルダムから出版している。のちにかれは『ラテン語自伝』(一六七三年)のなかで、「この本の内容が新鮮であったため、多くの国ぐにの学者や知識人に読まれ、さまざまな国ぐにで翻訳され、自分の名前がヨーロッパで広く知られるようになった」と誇らしげに書いている。

ちなみに革命派が勝利したイングランドでは、当時クロムウェルの翻訳官をしていたミルトン(一六〇八—七四)が、フランスの古典学者でライデン大学教授であったサルマシウス(一五八八—一六五三)と革命の正当性をめぐって論争していたが(『イギリス民衆弁護論』一六五一年二月二四日、『第二イギリス民衆弁護論』一六五四年五月三〇日)、ホッブズはそれを読んでいて、「ミルトンのラテン語はまあまあであるが、論争のやり方には問題がある」と述べている(社会契約論を基礎にしていないということか)。当時のイングランドでは、ホッブズとミルトンがラテン語の二大名手と目されていたが、革命詩人ミルトンにたいして近代国家論の祖ホッブズがライバル意識をもっていたことをうかがえるはなしとしては興味深い。

それはともかく、『市民論』はドイツのプーフェンドルフや哲学者ライプニッツ(一六四六—一七一六)、オランダの哲学者スピノザなどにも大きな影響を与えている。日本では、ホッブズ、ハリントン、ロックならばイングランド、デカルトならばフランス、プーフェンドルフ、ライプニッツならばドイツ、スピノザならばオランダというように、国ごとにばらばらに研究しているばあいが多いが、ヨーロッパでは昔も今もひとつの文化圏として相互に交流し合っているから――たとえば現代の福祉国家研究やEU研究などでも、ヨーロッパ中にネットワークが張りめぐらされている――西欧政治思想を研究するばあいには、インターナショナルな視点にたつ必要があろう。

パリの亡命宮廷

ホッブズが『市民論』の出版後（一六四二年）、『物体論』の構想を考案していたころ、本国イングランドでは「マーストンムアの戦い」（一六四四年）、「ネイズビーの戦い」（一六四五年）において国王側が敗れたため、王党派の人びとが続々とパリに亡命してきた。一六四五年にはニューカスル伯爵が、一六四六年にはチャールズ皇太子（一六三〇―八五。のちのチャールズ二世）がパリにきて亡命宮廷を開いた。ホッブズの主人第三代デヴォンシャー伯爵も議会に領地を没収され、一六四二年にパリに亡命してきていた。したがって、伯爵が一六四五年にイングランドに帰国し、議会と和解して領地を返還されるまでの数年間は、ホッブズの生活も苦しかったようである。

ニューカスル伯爵がパリにくると、ホッブズは伯爵の食卓で国教会の牧師ブラムホール(一五九四―一六六三)と「自由意志と決定論」にかんする論争(この論争は王政復古後も続く)をしたりしている。またホッブズは、若き経済学者で統計学者のウィリアム・ペティ(一六二三―八七)とベルギーの解剖学者・外科医ウェサリウスの『解剖学』(一六四三年)を読んだりした。ペティはホッブズの光学論文に図を書くのを手伝っている。そのほかホッブズはハーヴイとも親交を深めた。

その後ホッブズは、一六四六年一〇月にチャールズ皇太子の数学の家庭教師となる。皇太子はホッブズの明るい性格を好み、図体《ずうたい》も大きかったので、かれが宮廷にやってくると「また熊《ベア》チャンがなぶられにやってきたぞ」とからかっていた、という。

聖職者たちに嫌われる

ホッブズの亡命生活は必ずしも快適なものではなかったようだ。聖職者たちのなかにはホッブズを唯物論者、無神論者とみなし、かれが宮廷に出入りすることを快く思わない者たちがいた。当時無神論者というレッテルをはられることは、戦前の日本で「アカ」（社会主義者・共産主義者）といわれるのと同じく、身の危険すらあった。

もっとも、ホッブズ自身はみずからの著作のなかでしばしば無神論を批判しているので、無神論者ではなかった。しかしローマ教皇やカトリックの教義をきびしく批判していたため、フランスの聖職者たちには嫌われていたのであろう。また、ホッブズは国家論を構築するさいに人間を基本単位としており、また人間を「運動する物体」としてとらえ、そこから人間にとっての最高善は「生命の安全」（自己保存）にあるとしていたから、唯物論者ととらえられたのも無理からぬところである。

ホッブズは世俗的主権者のうえに教皇をおくカトリックや、聖書解釈の権限を長老におき、暴君には抵抗してもよいと説くピューリタンの長老派を国家の安定を危険にさらす宗派として嫌っていた。またかれは、キリスト教徒は「イエスは救い主《キリスト》である」ということだけを信じるべきだとし、教会が「政治の世界」に介入することを断固として排除していた。とすればホッブズは、国王が教会のうえに立つ制度に変わったイギリス国教会（アングリカン）的立場をとっていたようである（ヘンリ八世（一四九一―一五四七）は離婚問題についてローマ教皇と対立し、一五三四年「首長令」によってローマ教皇と絶縁し、イギリス国教会を創設した）。このことを示す興味深い話がある。

ホッブズは一六四七年、五九歳のときに命が危ぶまれるほどの重病にかかった。友人たちはメルセンヌに頼んで、ローマ教会の儀式によって死を迎えさせようとした。メルセンヌが見舞いのことばを述べて「罪障赦免」（罪業によって天国に行けないことのゆるしを乞うこと）について話しだすと、ホッブズは「神父さん（メルセンヌ）、わたくしもそのことをずっとまえから考えてきました。同じことを話されるのはわずらわしいでしょうから、もっと愉快な話をしましょう。ところでガッサンディにはいつお会いでしたか」（『ラテン語自伝』）と話をはぐらかしたので、メルセンヌも話題を変えている。数日後、のちのダーラム司教ジョン・コージンが見舞いに訪れ、「ともに神にお祈りしましょう」というと、「イギリス国教会の儀式にのっとって祈る先導をしてくださるならば」と承知して、アングリカンのやり方で聖礼を受けている。ホッブズはアングリカンには慎重に配慮していたようである。その後ホッブズは重病が嘘のように元気を回復し、「自分が逃げたのではなく、死が逃げていったのだ」（『ラテン語自伝』）と述べている。ホッブズは強運の人である。

帰国の準備

ホッブズは一六四九年九月頃、イングランドに帰国することを決意したようで、そのことをガッサンディに伝えている。その一年ほどまえの一六四八年八月までに本国の武力闘争はほぼ終結し、一二月には独立派のクロムウェルの部下プライド大佐(一六五八年没。チャールズ一世の裁判のさいの裁判員のひとり)が、ホッブズのもっとも嫌悪した約一三〇名の長老派議員――長老派は独立派とちがって「寛容」を認めなかった――を議会から追放し(「プライド・パージ」)、約六〇名の独立派下院議員がイングランドの最高権力を掌握していた(残部議会《ランプ・パーラメント》)。そして一六四九年一月三〇日には、チャールズ一世の首がはねられ、王政が廃止されるという衝撃的な事件が起こった。恐らくホッブズはこうした革命の推移をみて、パリでは安穏な生活が保障されないと考え、新政府への帰順を考えたのではないか。

ホッブズの政治学は、『法の原理』をみてもわかるように「生命の安全」を保障できる主権者に従うというきわめて合理的かつ現実的な考え方であった。ホッブズ自身、いつまでも「スチュアート王朝」に忠誠を尽くすという心情的な思想に固執することなく、「現実の政府《デ・ファクトー》」に従うべしという考えに立って、すすんでクロムウェルの新政府に帰順しようと考えたのであろう。こういう新しい事態への順応がきわめてむずかしいことは、敗戦後の日本において、「天皇制」から「民主国家」への転換をなかなかに容認できずに苦しんだ戦中派世代であればよくわかるはずだ。もし戦前日本において「軍国主義日本」「天皇制絶対主義」に科学的な批判をもっていた者なら——その数はきわめて少数であったろう——新しい事態の到来に喜んで順応しえたであろう。その点で、ホッブズは革命前から「人間の自己保存についての政治原理はなにか」を正しくとらえていたから、王政への忠誠に固執していた王党派の人びととは異なり、容易に新政府へ帰順できたのではないかと考えられる。

こうしてホッブズは一六四九年後半から『リヴァイアサン』の執筆にとりかかり、一六五一年夏にはロンドンで出版している。四〇〇字詰原稿用紙に換算して約二〇〇〇枚の著書を二年ほどで書きあげているのだから、恐るべきエネルギーではないか。一六五一年末、ホッブズは、『リヴァイアサン』を皇太子に献呈したが、当然のことながら亡命宮廷内の王党派や国教会の牧師、フランスのカトリック聖職者たちからごうごうたる非難の声があがり、ついにホッブズは宮廷への出入りを禁止され、忠実なる王党派で『法の原理』や『市民論』には賛辞を送っていたクラレンドンからは、クロムウェルに媚《こび》を売った著作であると痛烈に非難された。これにたいしてホッブズは、新政府への帰順に苦しんでいた王党派の人びとに「生命の安全」(自己保存)のためには「現実の政府」に帰順することもよしとする理論を提供したのだ、とのちに述べている(「マームズベリのトマス・ホッブズの評判、忠誠、態度および宗教についての省察」一六六二年初出、一六八〇年再版、モールズワース版著作集(英語版)第四巻(一八四〇年)所収。翻訳＝水田洋編訳・解説『ホッブズの弁明／異端』(未來社、二〇一一年)所収)。亡命第一号だったことといい、早々と新政府への帰順を決断したことといい、ホッブズは「恐怖との双子」どころか「勇気ある人物」だったといえないだろうか。

こうしてかれは、一六五一年一二月にパリを去ってドーヴァー海峡を渡り、翌年二月、一一年ぶりにロンドンの地に立った。そしてすぐさまクロムウェルの評議会に出頭し、クロムウェル政権へ服従することを誓って(「エンゲージメント」といわれた)帰国を許されている。冬のドーヴァー海峡は嵐が吹き荒れ、吹雪が舞っていたというから、その寒々とした風景はその後のかれの道行がきわめて困難であることを示唆したものといえよう。ともかくかれは本国へ帰り着いた。

次に、いよいよかれが亡命時に書いた二大名著『市民論』と『リヴァイアサン』の内容について述べることにしよう。

近代国家論の生誕
――『市民論』と『リヴァイアサン』――

ホッブズの一一年間にわたる、決して短いとはいえない異国での亡命生活は、いかに勝手知ったるパリ滞在であったとはいえ、経済的にはかなり苦しかったであろう。また、フランスのカトリック聖職者たちやイギリス国教会の聖職者たちに唯物論者・無神論者という汚名を着せられて攻撃され、必ずしもその生活は快適なものではなかったはずである。にもかかわらず亡命生活の初期と最後の時期に『市民論』(一六四二年)と『リヴァイアサン』(一六五一年)という二冊の不朽の名著を書いている。ホッブズが五四歳、六三歳のときである。六三歳といえば日本ではおおかた定年退職の年齢だが、ホッブズはこの一一年間の亡命生活をプラスに転化させ、「世界の大思想家」としての地位を確立している。なんという強靭な精神力の持ち主ではないか。

ホッブズの政治原理(自由・平等・平和)は、第五章で述べるように、ロック、プーフェンドルフ、スピノザ、ルソー、ペイン、ベンサム、J・S・ミル、トレルチなどの第一級の思想家たちが、それぞれの時代や国の変革期に受け継いでいる。また敗戦後の日本において、世界の民主主義の伝統を受け継いで作られたといわれる日本国憲法(一九四六年公布、四七年施行)の三原則――基本的人権の尊重、国民主権主義、平和主義――は、まさにホッブズの政治原理そのものではなかったか。戦後日本で、ロックではなくホッブズの研究が圧倒的に優先されたのは、そのためであったろう。

ホッブズが亡命直後に執筆した『市民論』は、それに先んじて書かれた『法の原理』が母国の「内乱」を収束し、いっこくも早く平和な状態を回復するための「原理と方法」を提案していたのとは異なり、ヨーロッパ全体の国ぐにの統治者と人民に向けて、「人びとが平和と安全に生きる政治とはなにか」ということを示すために書かれている。そのため、ホッブズはヨーロッパ知識人の共通語であるラテン語で『市民論』を書き、それによってかれの名前はヨーロッパ中に広まり、この時点でホッブズはメルセンヌによってヨーロッパ知識人のひとりとして迎え入れられた。このことをホッブズはことのほか喜んだようである。他方『市民論』を発行したために、ホッブズはフランスやイングランドの聖職者たちから唯物論者・無神論者として非難・攻撃されることになる。

こうしたなかで、母国イングランドでは革命派(クロムウェル)の勝利が決定的となり、チャールズ一世が斬首され、王政が廃止された（一六四九年）。新事態の出現にあたり、ホッブズは新政府へ帰順することを「自己保存」のために決意し、また新政府への帰順をためらっていた王党派の人びとへ、「自己保存」こそが人間にとって最重要であるから「現実の政府」へ帰順することは決して恥ずかしいことではないことを知らしめるために、一六四九年の秋頃から大著『リヴァイアサン』の執筆にとりかかり、一六五一年にロンドンで出版した。

それにしても、『市民論』は四〇〇字詰原稿用紙で一〇〇〇枚ていど、『リヴァイアサン』は二〇〇〇枚ていどの大著であるが、資料や文献はどうしたのであろうか。また『リヴァイアサン』はロンドンで出版されているが、パリで亡命生活を送っている者に、どのようにしてそうした出版が可能であったのか。これらの謎は解明されないままである。

ともかくホッブズの気力・筆力・体力には感嘆せざるをえない。オーブリー『名士小伝』によると、ホッブズはことのほか健康に気を使い、「酒と女についてはおおむね節度を守った。〔…〕晩年の三〇年かそこら、かれの食事はひかえ目で規則正しかった。六〇歳以後は酒を飲むのをやめて、肉より魚を食した。朝は七時頃に起きて、パンとバターの朝食をとり、それから散歩にでて一〇時まで思索にふけり、そのさい考えついたことをメモにとった。かれはかたときも怠けることなく、かれの思考はつねに活動していた」ようである。

生命と安全を守る方途

さて、大著『リヴァイアサン』が出版されると、最初（『市民論』）は王党派のために書き、こんど（『リヴァイアサン』）はクロムウェルのために書いたとして、ホッブズはごうごうたる非難を受けた。しかしホッブズ自身にしてみれば、そのような批判はあたらないと思われた。なぜなら、ホッブズは『リヴァイアサン』をチャールズ皇太子にも献呈しているからである。もしもホッブズがクロムウェルのために書いたのであれば、どうして『リヴァイアサン』を皇太子に献呈しえたであろうか。これこそが、ホッブズが『リヴァイアサン』を対立する両党派のいずれか一方のためにのみ書いたものではないというなによりの証拠ではないか。先にも触れたが、『リヴァイアサン』の序文で、一方ではあまりにも強大な「権力」を欲する人びと（王党派）、他方ではあまりにも多くの「自由」を欲する人びと（議会派）にたいして和解して平和を確立することをすすめてこの本を書いたのだ、と述べていることを想起されたい。

ホッブズの政治学は、人間にとっての最高善は「生命の安全」（自己保存）にあり、それを実現するために、人びとが「自然状態」において生きるために自由になんでもなしうる

「自然権《ナチュラル・ライト》」を放棄して、「力を合成」して「共通権力」を形成する契約（社会契約）を結べ、というものである。しかし「共通権力」を形成するだけでは契約に違反する人びとがいるから、契約に参加した人びと全員の多数決によって「代表」（主権者）を選び、その主権者が定める法律を守らない者にたいしては、それは契約の趣旨に反するから、主権者がそうした違反を罰し、全人民の安全をはかるための力を与えよ、と述べている。

この「主権者に強い力を与えよ」というホッブズのことばをとらえて、かれは絶対君主の擁護者だと批判されることもあるが、ホッブズのばあい、主権者は全人民の代表そのものであることを忘れてはならない。代表（主権者）に「強い力」を与えるのは、あくまでも全人民の生命と安全を守るためなのである。ホッブズの「社会契約」の理論によって、はじめて「人民主権」「国民主権」の近代政治原理が組み立てられた。そしてこの国民主権主義・人民主権主義は、ホッブズより約一世紀後のペインやルソーによって真に開花するのである。

『市民論』
――「社会契約論」と「国家の宗教からの解放」――

『市民論』は全体で一八章からなり、『法の原理』の二倍ぐらいの分量がある。第一章から第四章までは「自由について」(人間は自然状態から国家状態へなぜ移行しなければならないか)、第五章から第一四章では「統治について」(人びとの代表である主権者になぜ従わなければならないか。主権者になぜ強い力を与えなければならないか)、第一五章から第一八章までは「宗教と国家について」(教会と国家の関係について、教会の役割とはなにか)となっている。

「自由について」と「統治について」は、『法の原理』では第一部に、「宗教と国家について」は第二部にまとめられている。『市民論』は、イングランド人民にたいしてだけではなく、ヨーロッパ全体の統治者と人民にたいして「正しい政治の在り方とはなにか」をわかりやすく整理して示したもので、内容的には『法の原理』とほとんど同じである。そこで、ここではまず『市民論』の近代政治思想史上における意味についてまとめておこう。

「自由について」と「統治について」の部分は、近代から現代まで続いている民主主義の原理、すなわち「権力」の基礎は人民の契約にもとづいているという「人民主権論」を正当化した「社会契約論」について述べている。

「社会契約論」の再生

「社会契約論」はホッブズ、ロック、ルソーなどの近代の代表的政治思想家たちが唱えたものと考えられがちであるが、実はこの考え方は、早くもギリシア時代末期のエピクロスの政治思想にみられる。ローマ共和国末期のキケローから中世のルクレティウスを経て「ルネサンス期」に受け継がれ、一七世紀に入ってガッサンディによって再生された。そして「社会契約論」が「人民主権論」として近代民主主義の政治原理にまで昇華されたのは、ホッブズによってである。

ホッブズにそのことを可能にしたのは、かれが近代史上初の市民革命（ピューリタン革命）に遭遇したからである。すなわちホッブズがイングランド伝統の「国王大権」と「制限・混合王政論」の調和という「二重権力論」――この理論すら、大陸諸国の絶対君主による統治という政治思想にくらべるとはるかに民主的なものであったが――を止揚《アウフヘーベン》して、「人民の同意による権力」を形成して国家の安定をはかり、人民の自由と生命の安全を保障するためにはどうすればよいかを考えるなかで、「社会契約」による「人民主権論」へと到達したのである。

「社会契約論」は一六―一七世紀前半、ヨーロッパでは盛んに唱えられていた。しかしイングランドでは中世以来「国王大権論」や「制限・混合王政論」が主要な政治思想であったから、「社会契約論」は一七世紀に入って国王と議会の対立が激化し、「だれが主権者か」をめぐる最終的な権力争いが激化するまではほとんど問題にされていなかった。それなのに、なぜ「社会契約論」が近代政治思想史上の最重要な政治思想となったのか。

ホッブズとフィルマー

イングランドにおいて、「社会契約論」を正面にもちだして論争の政治用語としたのは、ほかならぬホッブズとフィルマー(一五八九頃―一六五三)であった。この二人は政治的立場は異なるが――ひとりは中立派、ひとりは熱烈な王党派――、「船舶税事件《シップ・マネー》」によって国王と議会の対立が和解しえないほどに高揚した時期に、「社会契約論」をひっさげてそれぞれの政治学を構築したのである。

フィルマーは一六二八年の「権利の請願《ペティション・オブ・ライト》」、三四年以降の「船舶税事件」などをみて、国王にたいする忠誠義務の理論を構築する必要性を痛感し、「だれが主権者か」という問題について研究をはじめたといわれている。かれは匿名で『パトリアーカ(家父長制論)』という著作を一六三五年頃までに書きあげ、それが国王派のあいだで回覧されていた。

ただし、『パトリアーカ』が実際に出版されたのは王政復古後、国王と議会の対立が再燃した一六八〇年である。ロックは、パトロンである、のちの「ホイッグ党」総裁シャフツベリ(一六二一―八三)がオランダに亡命する直前にこの本を手に入れている。ロックの『政治二論』(一六八九年)の前半はフィルマーの『パトリアーカ』への反論であり、第二部で近代政治理論＝議会制民主主義論が展開されている。

ホッブズが『法の原理』(一六四〇年)を書いたさいに、『パトリアーカ』を読んでいたかどうかは明らかではないが、恐らく王党派の人びとから手に入れて読んでいたのではないかと思われる。他方、フィルマーはのちにホッブズの『リヴァイアサン』や「制限・混合王政論」を「議会主権論」に止揚したハントンの『モナーキー論』(一六四三年。「国王・上院・下院」から成る議会に最高権力があるとする「権力一元論」でありロックの『政治二論』の先駆的形態)やミルトンの諸著作を読んで反論しているから、ホッブズとフィルマーが相互に認識していたことは十分に考えられよう。フィルマーは『パトリアーカ』の冒頭部分で次のように述べている。

この百年余り、学者や聖職者たちは次のような見解を発表したり主張したりしている。つまり人間はほんらい、いっさいの隷属から自由であり、またそのように生まれついている。そしていかなる統治形態を選択するかはかれらの思いのままである。ある人びとが他の人びとに及ぼす権力というものは、人間の権利にもとづき、人びとの配慮によってその人に与えられたものである。

この文言によってフィルマーが問題にしている理論は、さしずめ「権力の基礎ないし起源は人びとの同意による。したがって人間はその統治形態を自由に選択できる」というもので、この考え方こそ近代的な政治理論、すなわち「社会契約論」である。そしてこの「社会契約論」を近代政治思想のど真ん中にすえたのがホッブズであり、ロックやルソーがそれを受け継いだのである。

サラマンカ学派

この「社会契約論」は、イングランドでは「内乱」期にホッブズやフィルマーによって登場したが、実はヨーロッパでは、それよりも半世紀ほども早く、各国絶対君主とローマ教皇との対立のさいに用いられていたのである。スペインのジェズイット（イエズス会の修道士）の神学者スアレス(一五四八―一六一七)、モリーナ(一五三五―一六〇〇)、マリアナ(一五三六―一六二四)ら「サラマンカ学派」は、ローマ教会(カトリック)の権威と財産を防御し異教徒の国王を攻撃するために、「社会契約論」を用いて暴君にたいする反抗を正当化していた。

すなわちスアレスは、『諸法と神についての論』(一六一二年)において「あらゆる権力はコミュニティから発した。人は自由に生まれ、社会の秩序を維持するために設けられ、それゆえコミュニティはたんなる人間の集まりではなく共通の同意にもとづく団体であり国家は合法的であるかもしれないが、暴君であれば廃位される」と述べている。

同じくモリーナは、その著『正義と法』(一五九三―一六〇〇年)のなかで、「はじめは財産は自然法に従って共有であった。しかし人間は堕落したのち、明示されたまたは暗黙の同意により、さまざまな方法で土地を分割し、またある国民は国王を選んで、その国王に最初の分割をおこなう権力を与えた。したがって国王はその臣下のもつ財産の所有権をもたず管轄権だけをもつ(社会契約論を用いて国民の同意が国王の権威に優先する)」と説いている。

またマリアナも、『王および王政について』(一五九九年)において、「国王の要求が不法なものであれば、主権者を殺害することは合法的であるし、政府は文明生活の必要を準備し、所有権を守るために発展したものだから、コミュニティ全体の利益が最優先し、君主はそれに服従すべき」と説いている。また、かれの自然状態(黄金時代)にかんする理論では、外的危険があるので諸家族が防御のために合体しなければならず、そこで国家が生まれた、群衆はかれらの自発的な譲渡によって、一定の目的のためにひとりの支配者を選んだ、とされる。そしてこれらの目的が国王権力の制限となるという考えは、ホッブズやロックの理論的先駆形態ではないか。

さらにイタリアのジェズイット、ベラルミーノ(一五四二—一六二一)は、『法王最高権力について』(一六一〇年)において、「コミュニティの目的は精神的なものであり、法王だけが精神的権威を行使でき、かれの宗教権力は究極的にはいかなる世俗的政府の権威にも優位する。それゆえ、法王は異教徒の君主の臣下から君主にたいするかれらの忠誠を免れさせることができる」と説いている。また『次期イングランド国王継承講話』(一五九四年)の著者であるイングランドのジェズイットの指導者パースンズ(一五四六—一六一〇)は、「国王は国民によって作られ選ばれたもので、なにびとも神権によって王位を要求したり、自分こそは唯一の王位継承者とは主張できない」と述べ、またエリザベスの継承者として、必ずしもスコットランドのジェイムズ六世(のちのイングランド王ジェイムズ一世)を迎えなければならないということはないと述べている。

以上のようなジェズイットの理論家たちの「国王は人民によって選ばれている」ということ

ばは、「社会契約論」を彷彿させるであろう。これらの「社会契約」的理論が乱れ飛ぶなかで、ホッブズは、ジェズイットとは異なる近代的な「社会契約論」を『法の原理』や『市民論』のなかで構築していったのであり、ホッブズの真の論敵フィルマーは、ジェズイットの「社会契約論」を粉砕する作業を通じて、最終的にはホッブズの「近代的社会契約論」と対決していたのである。このようにみると、ホッブズ政治学における「社会契約論」は、一六―一七世紀の全ヨーロッパにおける「宗教改革」以来の「ローマ教皇」と「各国の世俗的主権者」との「最終戦争」に決着をつけるために書かれていたことがわかる。

カルヴァン主義の「抵抗権」理論

ホッブズの政治学でもっとも論争をよぶのは、代表(主権者、最高権力者)には「コモンウェルス」の安全をはかり、人びとの「生命の安全」(自己保存)をはかるために「強い力」を与えよ、また「代表」には反抗してはならない、という文言である。ここから、ホッブズは結局は絶対君主の擁護者ではないか、とすれば主権者は人民の契約によって選ばれるという「社会契約論」と「主権者には反抗してはならない」という考え方との矛盾をどう考えたらよいのか、という問題につきあたる。

このことを述べるまえに、カルヴァン主義の「抵抗権《モナルコマッヘン》」理論（暴君には抵抗してもよいという論理）について述べておこう。

当時、各国主権者すなわち国王にたいする反抗（悪い君主には反抗してもよい）を説くもっとも強力な理論はカルヴァン（一五〇九―六四）主義の政治学であった（同じ「宗教改革派」のルター（一四八三―一五四六）派は、各国君主への服従を説いた）。カルヴァン主義の政治学は、世俗的権力にたいする精神的権力の中世的優位をふたたび主張し、国王は教会のたんなる代理人であるとみなし、主権は神によって選ばれた人びとの「総会《ジェネラル・アッセンブリ》」におき、それは国王を聖徒の下位に立つものとみなした。

カルヴァン自身は、為政者が「神の法」に反することを命じたばあいを除いては、臣下の君主への服従を命じていた。しかし、かれの弟子のスコットランドのノックス（一五〇五―七二。長老教会の創設者）やランゲ（一五一八―八一。フランスの外交官）たちは「反抗の権利」や「カトリック君主」の殺害を公然と唱えていた。

この頃書かれたモルネ（一五四九―一六二三）の『暴君にたいする抗弁』（一五七九年）では、①政府はおのれのもの、なんじのものということばは、物の所有にかんして市民のあいだに差異ができたため、境界の権利をめぐって隣国間に戦争が起こったときに作られた。なお、ホッブズも『哲学者と法学徒との対話』（一六六六年頃執筆）のなかで「おのれのもの」と「なんじのもの」ということばを用いている。②人間は自分たちの労働によって財産を取得する。かれらは契約にもとづいて政府を確立した。この契約は各人の財産が保障されるならば守らなければならない、と述べている。この理論は、のちにロックがその『政治二論』の第二部のはじめの部分で用いた。

また、モルネは法を破った国王は暴君となり、そのとき人民は抵抗する権利をもつ、と述べている。しかしこの「反抗の権利」は個々の市民にはなく、カルヴァンのいう「エフォール」（行政長官）による反抗しか認められていない。この点ロックは、「人民による反抗」を認めているが、その行為は、「天に訴える《アピール・ツウ・ザ・ヘヴン》」行為であると述べて「人民主権的」要素をうすめている。

また、ジェイムズ一世やフィルマーが烈しく非難しているスコットランドの長老主義者で、『スコットランド人における王権について』（一五七九年）の著者ブカナン（一五〇六―八二）も、「人民による反乱」と「暴君殺し」を正当化している。かれはいう。

> 自然法は神によってすべての人びとのなかに植えつけられている。理想的な国王は、かれの権威を自然的な優越性（国王は人民の安全をはかる）によってもつ。しかし国王は誤りやす

くおごりがちであるから、かれらは法によってコントロールされなければならない。ではだれが国王にたいして教師となるのか。人民以外にはないのであって、その意志は法の背後にある。人民の判断は一般的にいって、いかなる個人の判断よりも賢明である。国王は法を正しくおこなうという約束に義務づけられている。もしもこの約束が破られるならば、かれはその臣下との契約を破ったことになり、かれにたいする臣下の義務は消失する。聖ペトロはキリスト教徒にその支配者をうやまうことを教えたが、かれらに抵抗することを排除したのではない。国王はひとりだけでは立法できない。立法は国王とその顧問会議と人民によって裁可された決定による。

ドイツ生まれのオランダのカルヴァン主義者アルトジウス(一五五七頃―一六三八)も、その著『政治学体系要綱』(一六〇三年)において、主権は人民に存するとし、支配者は「公共の必要」という理由があるばあいを除いては、臣下の財産を取りあげる権利をもたないという。しかしかれもカルヴァンと同じく、専制君主にたいする抵抗は個人にはなく、「エフォール」にのみ与えられるという「抵抗権」理論の立場をとっている。

さらに、オランダのグロティウス(一五八三―一六四五)は、『戦争と平和の法』(一六二五年)において、①「人間の本性」には、自然法によって知りうる、また自然法の教えをおこなう能力が賦与されている。したがって自然法は「正しき理性の命令」である（この点ではホッブズと同じ）。②所有権は人間の意志によって導入されたもので、自然法がこれを認めている（ロックがこれを踏襲している）。私有財産は、最初は共有であったが、やがて人びとは互いに土地を分割して所有するようになった。③孤立した家族は侵害にたいして弱いものであるから、かれら自身の発意で国家社会を形成し、そこに国家権力が生じた、と述べている。

もっとも、グロティウスは、主権はつねに人民にあるとか、人民は無制限な反抗権をもつとか、カルヴァンのように下位の行政長官が主権者にたいして戦争をおこなうことなどは否定している。しかし、人民に従属する行政長官が法規に違反し、国家にたいして罪を犯したばあいにはこれを死に処しうること、また公然と人民に敵対する国王にたいしては戦争をおこないうることを主張している。つまり、グロティウスは「人民主権論」や「抵抗権」を明確にはいっていないが、「生命と財産」が危険に陥ったときは、国家は人間が形成した目的からいって、人民が国王に抵抗することを認めている。

ホッブズが参照した政治思想

ホッブズは、これらの多様な主張をえり分けて、自己の政治学を組み立てていったものと思われる。ジェズイットとカルヴァン派の理論は、国王の権力は人民の同意によって作られたものであるという点では共通していた。しかしそれによってジェズイットは、「神の集団」であるカトリック教会やその頂点にある教皇が世俗的各国君主に優越することを主張していた。他方カルヴァン主義者たちは、人民の君主にたいする反抗権を主張していた。

ホッブズの眼前にひろがっていた政治思想は、①ローマ教会(カトリック)の各国君主への優越の理論、②カルヴァン主義による国王への「抵抗権」理論、③イングランドの「制限・混合王政論」という国王権力を制限する理論であった。

こうしたなかでホッブズは、①人間にとっての最高の価値は、人びとの「生命の安全」にあること、②「生命の安全」を保障するためには、人びとが契約を結んでひとつの権力を設けること、③人民の権力である代表(主権者)にたいしては抵抗してはならないことを論理化する必要があった。この「人民」が権力を形成することと、権力を形成したらそれに抵抗してはならないということとの矛盾をどのように考えたらよいか。そのことを説明するまえに、もうひとつ重要な「国家と宗教」の問題について述べることにしよう。

国家の宗教からの解放

ホッブズの政治学は、『法の原理』『市民論』『リヴァイアサン』の三作とも、ひとつは「国家の起源と役割」と「国家と臣民(人民)の関係」を述べた「社会契約論」の部分、もうひとつは「国家と宗教との関係」から構成されている。『市民論』では「宗教と政治」にかんする問題は、全体の約三分の一を占めていて、『法の原理』よりも分量にして三倍ほど多い。続く『リヴァイアサン』では、全体の二分の一ほどで「宗教と政治」の問題が論じられていて、その分量は『市民論』よりも二倍ほど多くなっている。ということは、ホッブズ政治学のなかでこの「宗教と政治」問題がいかに重要視されていたかがわかるであろう。ホッブズは「社会契約論」と「国家と宗教との関係」という二つの部分を解明することによって、世界初の「近代国家論」を構築することができたのである。

第一の「社会契約論」(権力の基礎は人民の同意(契約)による)は、イングランド伝統の「制限・混合王政論」という「二重権力論」(国王の権力は法によって議会によって制限される)を止揚しようとしたものであり、他方、「国家と宗教」をめぐる部分では、ジェズイットやカルヴァン派が、国王の権力は「人民の同意」によるとしながらも、ローマ教皇やカルヴァン派の「総会」の精神性が国王権力に優越すると述べていたことにたいして、ホッブズは「主権者権力」が絶対であるとして、それがローマ教皇やカルヴァン派の権力に優越すると述べている。「生命の安全」(自己保存)を「最高善」として、それを守るために「代表」を選び、「代表」に強い権力を与えて人間の「自己保存」を保障せよというホッブズの政治学は、議会派の唱える「制限・混合王政論」や、カトリックやカルヴァン派の政治理論を圧倒したのである。

すなわちホッブズは、権力の基礎は「人民の同意」によるという「社会契約論」を主唱しただけでなく、一五―一七世紀のヨーロッパ社会における「国家と教会」の関係に最終的解決を与えるために、「国家の宗教からの解放」という課題に敢然と立ち向かったのである。ホッブズといえば、「社会契約論」を用いて「近代国家論」を構築した政治学者ととらえられがちであるが、国家を宗教(教会)から解放したことによって、真に「近代国家論」の創設者となりえたのである。では、ホッブズはどのようにして国家を宗教より解放しようとしたのか。

ホッブズは『法の原理』において、新約聖書を用いてその作業を開始していたことはすでに述べた。しかし『市民論』では、『法の原理』のばあいと異なり、もっぱら旧約聖書――創世記、出エジプト記、民数記、申命記、ヨシュア記、士師記、ルツ記、サムエル記(上・下)、列王記（上・下）、エステル記、イザヤ書、ヨシュア書、エゼキエル書、ハガイ書、ゼカリア書――を用いて「政治と宗教」の関係について論じている。すなわちかれは、キリストが出現したあとの「キリスト教国家」における「国家と宗教」との関係を論じているのである。

ホッブズによれば、神はイエス・キリスト出現以前の「神の国」を支配するために、アブラハム、イサク、ヤコブ、モーセ、祭司、列王に「政治的権威」と「神のことば」を解釈する権限を与え、それによって統治したという。ついでホッブズは、神は、世界を明らかにし、救済の道と知識を教え、天国に入るためにはなにをなすべきかを人びとに教えるために、イエス・キリストをこの世に派遣された、と述べ、したがって、この世における「キリストの統治」は強制力をもつ主権的なものではなく、助言もしくは説教するという性格のものであった、という。

またホッブズは、ローマ帝国時代のカトリック教会と教皇は、はじめのうちは帝国の領土を超えてその統治力を広げようとはしなかった。しかしローマ帝国が分裂し、各地に国家が成立すると、国ごとに「教会」が存在することになり、各国教会は教皇支配から離れていこうとしたが、ローマ教会（教皇）は全世界に存在する教会を支配しようとした。そのため各国教会を統治下におこうとする主権者（君主）とローマ教皇とのあいだで矛盾・対立・衝突が起こった。そのさい、ローマ・カトリックに反対すれば、教皇はその人を破門したり、罰したりした。これにたいしてホッブズは、ローマ教皇やローマ教会にはそのような権限はないという。

そして、キリストの復活後は、キリストには「天の国」と「地上の国」の両方について権力が与えられるが、「キリスト教国家」においては、聖書解釈は国家(主権者)の権威に服すべきであり、天国に入るために必要なことは、洗礼をうけて悔い改め、「神の王国」を設立するためにこの世にきた者(「救い主」＝キリスト)を信じることである、とホッブズは述べている。このように述べることによって、ホッブズは一方ではローマ教皇の国家への干渉を排除し、他方ではカルヴァン主義の「抵抗権」理論を排除しようとしたのである。

主著『リヴァイアサン』

さて、いよいよホッブズ政治学の最高峰『リヴァイアサン』について語るところにきた。『リヴァイアサン』はラテン語ではなく英語で書かれたため、だれもが容易に読むことができた。神権説論者でルソーの論敵であるボシュエ(一六二七—一七〇四)は近代フランス語の創始者といわれるが、ホッブズは近代英語の創始者といわれている。ホッブズの英文がミルトンやハリントンにくらべて読みやすいのはそのためであろう。

では、『リヴァイアサン』とはどのような書物か。それは「近代国家」の原理を最初に体系化した国家理論の書である。『リヴァイアサン』の最大の功績は、「生命の安全」(自己保存)を達成するための「社会契約論」を構築したことにある。かれの「社会契約論」では、国家＝政治社会の基本的単位は「人間」とされている。それまでのすべての政治学は、国家の構成単位は家族、ポリス、集団(身分議会・ギルド・教会など)を中心に考えられてきた。とくにキリスト教社会において、教会は国家の最重要な組織単位であった。こうして中世社会においては、人間＝個人はさまざまな集団のなかに埋没してしまっていた。リヴァイアサンなる国家は、そうした集団から個人を解放した。

ホッブズは、国家の基本単位を「人間」におき——『リヴァイアサン』の口絵は(図参照)、無数の人間から国家が構成されているさまが描かれ、その「代表者」(主権者)の右手には剣、左手には牧杖が振りかざされ、聖俗両面において人民を守っている姿が描かれているのに注目せよ——、国家の第一義的な役割は「生命の安全」を守ることとされた。またホッブズは、当時そうした国家の役割を妨害していた最大の敵である「カトリック教会」と「教皇」を痛烈に批判して「国家を宗教(の脅威)から解放」する大偉業をやってのけた。

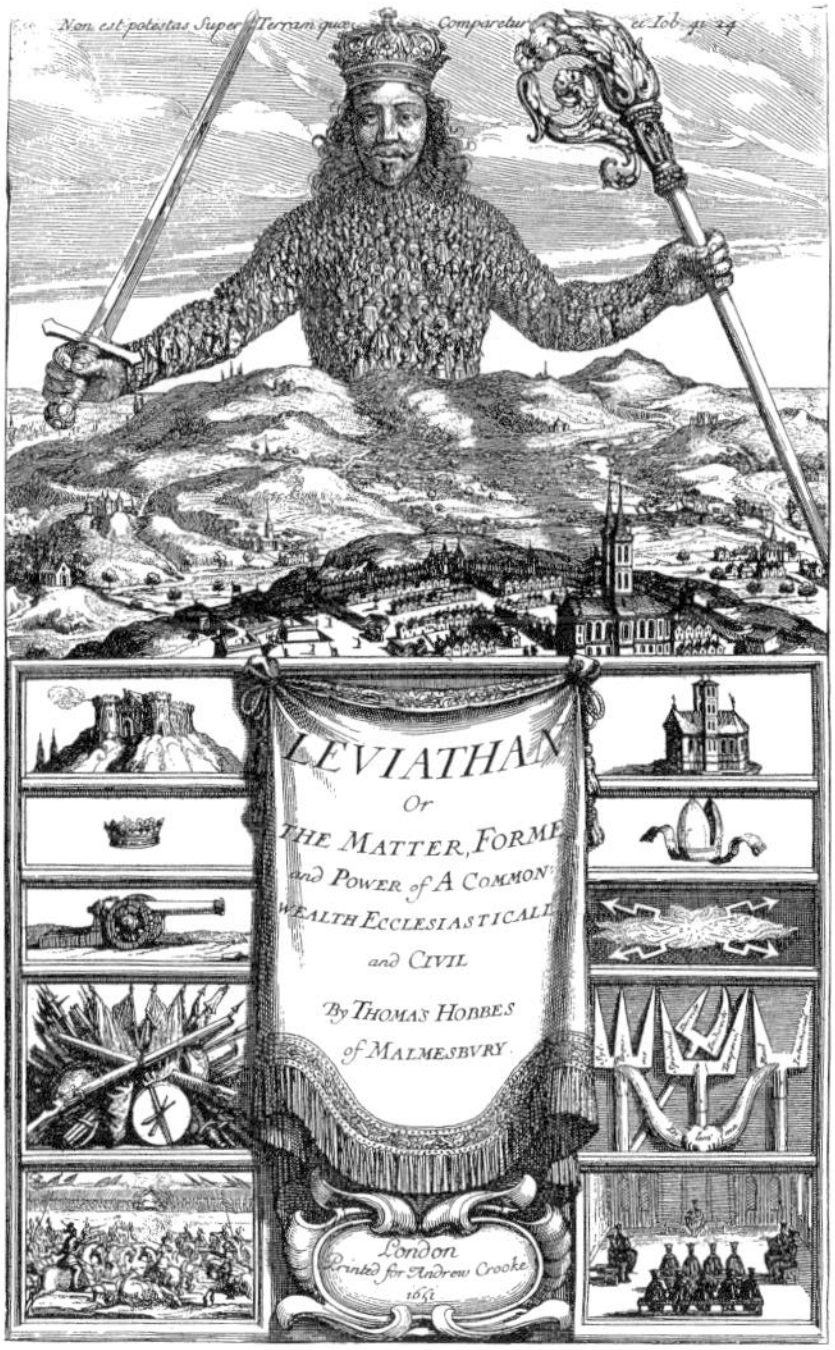

『リヴァイアサン』初版口絵

しかし、この「国家の宗教からの解放」はいかに困難かつ危険な仕事であったことか。ホッブズが生涯にわたって無神論者、唯物論者としてたえず生命の危険にさらされたことが、それを物語っている。

そして、そのかれを終生守り続けたデヴォンシャー伯爵家に感嘆すると同時に、なぜそのことが可能であったかを考察する必要があろう。その理由はしかとはいえないが、世界初の市民革命(ピューリタン革命)を成功させた、イングランドの中世以来の民主主義的精神の発展と伝統が、その背景にあったのではないかと思われる。ここでは、「マグナ・カルタ」以来のイギリス民主主義の発展が『リヴァイアサン』の生誕を助けたにちがいないとだけいっておこう。

『リヴァイアサン』の構成

これまで述べてきたように、『リヴァイアサン』(一六五一年)のまえに、ホッブズは『法の原理』(一六四〇年)、『市民論』(一六四二年)という二冊の本を書いている。ピューリタン革命がはじまった一六四〇年前後に『法の原理』と『市民論』が、革命政権が勝利した時期に『リヴァイアサン』が書かれた。このことから、これら三冊の本を通じてなんらかの変化があるのではないかという疑念について、多くの研究者のあいだでさまざまに問題とされてきた。しかしこの前二著と『リヴァイアサン』のあいだには、内容が充実し整理されているという点を除いて、基本的にはほとんど変化がないのである。ということは、ホッブズ政治学の基本的枠組みは、革命がはじまる以前から定まっていたということであろう。

では、その基本的枠組みとはなにか。それは「政治の世界」を考察するばあいにもっとも重要な、どうすれば「人間の生命の安全を守ることができるか」という観点から、ホッブズはその政治学を考えていたということである。多くの人びとはピューリタン革命の嵐の中で右に左に揺れ動いた。しかし、ホッブズの政治姿勢は一貫してゆるぎないものであった。それが可能だった理由は、かれが「生命の安全」（自己保存）という観点からのみ政治をみつめ、その解決策を考えていたからである。

『リヴァイアサン』は、第一部「人間について」（人間論）、第二部「コモンウェルスについて」（政治社会論、国家論、主権論）、第三部「キリスト教のコモンウェルスについて」、第四部「暗黒の王国」と四部構成になっている。『法の原理』と『市民論』にくらべて、『リヴァイアサン』では「宗教と政治」にかんする部分が大きくふえていることがわかる。

第一部と第二部は、ホッブズ政治学の「ギリシア・ローマ的なルネサンス的部分」ともいうべき箇所で、新しい「近代国家論」の原理と形成の方法が述べられている。第三部と第四部は「宗教改革」の成果を学んだ「聖書学」の部分で（ホッブズはアウグスティヌス（三五四―四三〇）、アクィナス、ルター、カルヴァン、フッカー（一五五三／五四―一六〇〇）、ミルトンなどを読んでいた）、旧体制を支えていた精神的・制度的イデオロギーであるローマ・カトリック教と教会およびローマ教皇と全面的に対決した、新旧世界の勝敗の帰趨をきめる「最終戦争」の部分である。したがって、『リヴァイアサン』は、『法の原理』と『市民論』を内容的に発展・拡充させ、体系化したものといえる。『法の原理』や『市民論』の内容についてはすでに述べたので、ここでは両書と『リヴァイアサン』の内容を細かく比較検討することはせず、重要なポイントについてだけ述べる。

まず、『リヴァイアサン』『法の原理』『市民論』の大きなちがいをみていこう。『市民論』では、『法の原理』において丹念に述べられていた「人間の本性」(人間の感覚、人間を運動体としてとらえていること)の部分が省略されている。その代わり、人間は「自然状態」においては「自由」である(生きるためにはなにごともなしうる自然権をもっている)が、それゆえに生命を失う危険性があるから、人間のもっている理性(自然法)の教えに従って、「コモンウェルス」(国家)を形成し、「主権者」の作る法律に従って生きるようすすめている。つまり『市民論』は「自然状態」から話をすすめており、それが『法の原理』とのちがいである。しかし『リヴァイアサン』では、『法の原理』で述べられていた「人間の本性」部分をもう一度復活させ、そこから「自己保存」のために「自然状態」から「コモンウェルス」の設立へ移る必要性が論じられている。

そのため『リヴァイアサン』においては、「自然状態」から「国家状態」へ飛躍する理論としての「自然法」の内容が前二著とくらべてよりわかりやすく整理されている。とくに「基本的自然法」は「人びとは全力をあげて平和を求めよ」と述べているとし、次いで、そのためには「人びとは自然権を放棄して代表を選び、代表の作る法律を守るという契約を結べ」といい、代表には「人びとの生命の安全を守るため」、「強い力」を与えよと述べている点にホッブズ自然法理論の特色がある。そのほかホッブズは、「自分がされて嫌なことは人にするな」など、要するに人間の「自己保存」にとって必要な「一九の自然法」を列挙している。内容的には聖書の「十戒」に近いものだが、「生命の安全」を守ることを最高のものとして人間の内発的な必要性から導出した近代「自然法」をかかげている点が「ホッブズ自然法論」の最大の特色である。

「主権者(代表)には強い力を与えよ」

次に、『リヴァイアサン』でも『法の原理』『市民論』と同じく、「主権者には強い力を与えよ」と述べている。先にも述べたが、このことばは、今回は「クロムウェルに強い力を与えよ」といっていると読まれた。すなわち『法の原理』や『市民論』では国王チャールズのために書いていたが、今度はクロムウェルのために書き、自分の帰国を有利にしようとしたと非難された。これはどう考えればよいか。「主権者には強い力を与えよ」というのは、ジェイムズ一世が『自由王政の真の法』で述べたような「国王の思うままに政治をすることが自由だ」という絶対王政的考え方ではない。もちろんフィルマーが、「神は父親（アダム）に絶対権力を与えた。国王は国民の父である。よって国王の権力は絶対である」という「家父長制論」的考え方でもない。

ホッブズは、国王と議会の相互協力によって政治がおこなわれるという「制限・混合王政論」では争いはおさまらないから、人民全体が選んだ「代表」すなわち主権者――それはホッブズにとっては国王であろうとクロムウェルであろうと、四、五十人の少数者から成る議会であろうとかまわない――に、人民の「生命と安全」を危険にさらすような行動をとる人、あるいは集団を制裁するための力を与えよと述べていたのである。ここでは、とくに一七世紀前半における「国王大権」と「議会特権」（課税にさいしては下院の承認がいる。立法にさいしては下院で先に討論されなければならないなど）の争いを想起する必要がある。

当時のイギリス国王は六万人の傭兵しかもっておらず、常備軍がなかったために議会側に敗北した、とホッブズはみていた。議会側は「内乱」がはじまってから、クロムウェルの「鉄騎軍《ニューモデル・アーミィ》」（主として中産ヨーマン層からなる軍隊）を組織した。なお、イギリスで常備軍が整備されたのは一八世紀以後のことである。鉄騎軍はマックス・ヴェーバー（一八六四―一九二〇）

が主著『プロテスタンティズムの倫理と資本主義の精神』(一九〇四—〇五年)で述べているように、「なんのために戦うか」を知っていたピューリタンたちであった。

いずれにせよ近代国家には、「人民の生命と自由」を国内外の敵から守るための権力が備えられている。そして権力の暴走を抑えるためには「法的保障」——たとえば日本でも自衛隊の権力暴発を抑えるための「シヴィリアン・コントロール」を可能にする法律などが制定されている——が必要であるが、結局のところその問題は、ホッブズがいうように「民主主義の原理」(生命の安全と自由)がどれほど広く国民全体のあいだに行きわたっているかどうかにかかっているのである。「法や制度」は、ときの権力者によって危急事態、非常事態などの文言によっていくらでも変えられる危険性があるからである。

また「代表」とは、ラテン語のペルソナ＝面のことである。この面をかぶった人や集団(代表・主権者)は、かれおよびかれらを選んだ人びと(人民)の人格を代表している演技者である。「代表」の役割は、「全人民の安全と自由を守ること」にあるから、ホッブズは民主的に選ばれた代表がいなければ、その政治社会(人民の集まり)はコモンウェルス(国家)とはいえないと述べているのである。

議会政治と民主主義

ところで、現代の議会制民主主義国家では、議会が国民の利益を代表しているとされている。しかし人民を代表するといっても、大衆社会である巨大国家においては「国益」と「人民の利益」とのあいだにはさまざまな矛盾や衝突が起こる。そのさい、権力をもっている者が、多数の代表であると称して強引に押し切ることがある。このことをオーストリアの法学者ケルゼン(一八八一―一九七三)は「代表の擬制概念」といっている。

そして、それを解決する手段としては、通常は選挙によって決着をつけるという方法がとられているが、それだけでは解決されえない重要な問題が発生したさいには、ケルゼンが『民主主義の本質と価値』(一九二九年)で述べているような直接民主主義方式(国民投票《レファレンダム》、国民解職《リコール》)がとられるばあいがある。いずれにせよ、議会制民主主義がいまだ十分に発達していなかった時代のホッブズは(議会制民主主義がその形をみるのは「名誉革命」後のことである)、「権力の抑制」は、「共通権力」=「人民の契約」(社会契約)の原理によって担保されると考えていたのである。もっともホッブズも、一六六六年に書いた『哲学者と法学徒との対話』において、民主主義を担保する鍵は、具体的にはイギリス伝統の議会政治にあると考えていたようだ。

このように考えると、こんにちの民主主義国家の政治原理や政治形態の原型は、ホッブズによって形成されたといってもよいであろう。

「主権者(代表)には抵抗してはならない」

さて、ホッブズの政治学でとくに問題とされ、あるいは非難される文言は、「主権者(代表)には抵抗してはならない」ということばである。そのさい、つねに対比されるのがロックの「革命権」ということばである。ここから日本では、ホッブズは絶対君主の擁護者であり、ロックは民主主義の擁護者であるといわれることが多かった。では、ホッブズは主権者への抵抗をまったく否定していたのであろうか。

ホッブズは『リヴァイアサン』第二一章の「臣民の自由について」において、死刑囚が死刑台に引かれていかれるときに「もし逃げられるならば逃げてもかまわない、しかし逃げられないであろうが」と述べている。また、主権者が臣民に戦場に行くように命じても、恐くて戦場に行きたくないときには、金銭を払って免除してもらえるならばそのようにしてもよいとか、もしそれができないときには国外に逃亡してもよいとかと述べている。それほど「人命は尊い」とホッブズはいっているのである。

戦前の軍国主義国家日本では、徴兵逃れや敵前逃亡は「万死に値する」犯罪行為であったから、ホッブズの政治学が戦前の日本に受け容れられなかったのは当然であろう。そもそもホッブズの政治学は「生命の安全」(自己保存)を第一義的なもの(自然権)として組み立てられているのだから、「生命」を奪うような行為は主権者といえどもできないのであって、「個人的抵抗権」はホッブズのばあいでも当然に各人に留保されていたことはいうまでもないであろう。水田洋もいうように、もしも、ひとりひとりの個人が抵抗権を同時に行使すれば、それは「総反乱」になるであろう。ホッブズは「個人的抵抗権」は認めていたが、カルヴァン派のような「暴君には抵抗してもかまわない」という「集団的抵抗権」の考え方には反対であった。もしこの権利を法的に認めれば、争乱は絶えないであろう。

この点について、ロックは、人民全体の生命の危険があったときにのみ反乱がありうると述べて、名誉革命(一六八八年)を正当化している。ロックは「革命権」を唱えているが、その行使にあたってもいきなり抵抗するのではなく、まずは人民に「がまん」せよとくり返し述べている。そして「がまん」が限界にきたとき――「社会契約」を結んだ意味が失われるほどの全人民の生命の危険があるとき——にのみ、集団的な「抵抗権」、すなわち「革命権」を認めている。そのさいにもかれは慎重にそれらの革命行為を「天に訴える《アピール・ツウ・ザ・ヘヴン》」行為と述べているのである。

ホッブズにとってもロックにとっても、「内乱」や「革命」は、「国家の存立」をあやうくし、「人びとの生命の安全」をはかるうえできわめて危険なことであったのであろう。結局この問題は、人間にとっての最高善は「人びとの生命を守ること」という原理に立って、その対応策を考えるしかないであろう。ホッブズの政治学は、このことを近代において最初に教えてくれたものといえないであろうか。

「国家と宗教」の問題が重視されたのはなぜか

ホッブズは『リヴァイアサン』第一部・第二部において「生命の安全」(自己保存)のために「社会契約」による「コモンウェルス」(国家)の設立を説いたのち、いよいよボルテージをあげて、第三部「コモンウェルスについて(主権について)」の最終部分で、自分の政治論の執筆目的を高らかに述べている。ホッブズはいう。「わたくしの著作が、いつかある主権者の手に入って、公共的に教えられるように、主権を行使して、この真理(『リヴァイアサン』の内容)を効果あるものとして欲しい」と。

当時、クロムウェル体制がどうなっていくかわからなかったが、ともかくイングランドの歴史に大きな変化が起こっていたことは確かであるし、ホッブズはその事態がそのまま進むとみていたのかもしれない。事実かれは、プラトンのことばをひいて、「内乱は主権者が哲学者になるまでは決してなくならない」(プラトン『国家』第六巻三)と述べている。ホッブズは内乱を早急に解決して全国民を代表する主権者――クロムウェルであれ、その他だれでもよい――が自分の政治学を採択して平和で安全な社会を設立することをイングランド国民に提示していたのではないか。

しかし、こうしたかれの意図を妨げる輩がいる、ローマ教皇を頂点とする各国におけるカトリック教会がそれである、とホッブズはみている。もっともイングランドでは、ヘンリ八世の「首長令」とイギリス国教会の設立によって、カトリックの勢力は弱まっていたが、カトリック以外にも宗教勢力(長老派など)が政治に介入する危険性は大いにあった。だからホッブズの政治学は、イングランドだけでなく、全ヨーロッパのキリスト教国家における「宗教と国家」の矛盾・対立をなくそうとしていたのではないか。ルターやカルヴァンには「宗教改革派」という多数の支援部隊がいた。ミルトンはイギリス国教会、ロックは神権説論者フィルマーと闘えばそれでよかった。しかしホッブズは、ローマ・カトリック教会を相手どって、たったひとりで闘いを挑んだ。

ホッブズの政治学を理解するためには、これまでのホッブズ研究で軽視されがちであった「宗教と国家」をめぐる問題を抜きにしてはなるまい。そこで、まず『リヴァイアサン』第三部「キリスト教のコモンウェルスについて」のなかで、ホッブズが聖書を通じて、ローマ教皇とカトリック教会をどのように批判しているかをみていくことにする。

キリスト教の政治学と「自然法」

ホッブズは、神が預言者たちを通じて語ったことばである聖書が「キリスト教の政治学である」という。ここで興味深いことは、ホッブズがわれわれの「感覚と経験」もまた神のことばである「自然の理性」であるから、これらも放棄すべきではない、と述べていることである。この人間の「感覚と経験」を重視する考えこそ、ギリシア・ローマ時代のエピクロスやルクレティウスなどの哲学の精神ではないか。そして次のホッブズのことばが重要である。ホッブズはいう。「それら（感覚と経験を基礎にする自然法思想）は、神がわれわれの救い主の再来まで、われわれがこの世においてなんとか切り抜けていけるようにと、われわれの手中においたものである」と。

このようにみると、ホッブズは『リヴァイアサン』を、キリスト再臨まで――それはいつくるかわからないが――われわれの政治社会の最良の指導書（マニュアル）として考えていたこと（なんと大胆不敵であることか）、またそのことのゆえに、かれが「神」と聖書を最重視すること（宗教改革的性格）と、感覚、経験、自然権、自然法（ギリシア・ローマ的＝ルネサンス的性格）を尊重していくことの必要性を説いていたことがわかる。ホッブズは「再臨」まではと期限をつけていながら、実はこれからの時代は、「理性と感覚」、「自然法」の時代であることを述べようとしていたのではないか。そのさいホッブズは、新しい政治社会の安定と平和を保持するためには「理性の戒律」である「自然法」とともに、すべての臣民（人民）が政治的主権者の命令（法律）に従うことの必要性を、聖書のことばを引用しながら述べていたものといえよう。

旧約聖書と新約聖書

ホッブズは旧約聖書の「歴史と預言」、新約聖書の「福音と手紙」は、ともに人びとを神にたいする従順へと回心させるのに役立つ、という。次いでホッブズは、「神の王国」とキリストの受難から再臨までの「この世の王国」とのちがいについて次のように述べている。「神の王国」とは、ホッブズによれば「神が主権者である国で、神がアブラハム、モーセ、サムエル、長老たちを通じて支配している国」である。これにたいして「この世の王国」すなわち「現在の世界」とは、キリスト(救い主)が「わたくしの王国はこの世のものではない」と語っている世界で、ただかれの教義(キリスト教)によって、人びとに「救済の道」を教え、「父なる神の王国」へと更新するためにきた国である、とホッブズはいう。

このことはなにを意味するか。それは、各国の権力はそれぞれの国の主権者の手中にあり、キリスト教会は教えるためのものにすぎないとすることによって、各国の主権者やキリスト教会を破門その他の刑罰によって支配してきたローマ教皇やカトリック教会を批判していたのである。そして「来たるべき世界」、つまりキリスト再臨後の世界――いつくるかわからないが――は、父(神)のもとでキリストが、永遠に支配するようになる世界である、とホッブズは述べているのである。

「教会」とはなにか

とすると、現在の「教会」とはなんであるのか。ホッブズは、「教会」とはキリストを信じている人びとの「国」であるから、「政治社会」(コモンウェルス)のなかでは、キリスト教徒は主権者の命令に従わなければならない、とホッブズはいう。

ここで重要なことは、「キリスト再臨」までは各国の最高権力者である主権者が聖俗両方の支配者であるとホッブズが述べている点である。ホッブズは聖書を用いて、各国における「教会」の地位と役割を定め、「国家・教会」ひいては「国家と宗教」の分離と共存の論理を展開し、近代政治思想の構築をはかっている。

ホッブズはいう。人類の罪を贖罪《しょくざい》し(かいもどし)、人びとを「永遠の王国」へと導くために、神はイエス・キリストをこの世に送ったのである、と。また、「キリストの再臨」までは、「キリストの王国」ははじまらない(マタイ福音書第一六章第二七節、第一九章二八節、マルコ福音書第一三章第六節、ルカ福音書第二二章第二九・三〇節)、とする。キリストの王国はこの世のものでなく(ヨハネ福音書第一八章第三六節)、キリストはこの世を裁くためでなく、救うためにきた(ヨハネ福音書第一二章第四七節）から、ローマ教皇は強制的な権力をもつものではなく、その権力は教えるものにすぎない、と。

要するにホッブズは、神が世界全体の主権者であり、キリスト教徒たる国王は臣民（人民）に教える牧者たちを叙任する権力と説教・洗礼・聖礼を執行する権威をもつ。また政治的主権者がキリスト教徒であれば、かれは教会の首長（かれの権限は「外的規制」のみで、「内面の自由」までは規制できない）でもある。以上でわかるように、ホッブズは一国における臣民（人民）は政治的主権者の命令に服従すべきことを、聖書の文言から証明しているのである。

「神」と「人間」（国家）の命令とが対立するとき

次にホッブズは、神と主権者との命令が対立するときにはどうすべきかと問うている。これにたいしては、ホッブズは「神の命令」に服従すべしと述べ、「命令が正しいかどうか」は「救済にとって必要かどうかによって判断せよ」と述べている。このことばは、「神の命令」という名のもとに、人びとを強制する「教会」の権力には注意せよ、と述べているものと思われる。

では「救済に必要な規準とはなにか」。それについてホッブズは、「キリストへの信仰と服従」という徳性のなかにあるという。それはルターやカルヴァンのいう「聖書主義」に通じるものといえよう。徳性とはなにか。それは神がわれわれに与えた「戒律」つまり「自然の法」(「生命の安全」のために社会契約をすすめる法)と「主権者の法」に従うことである。すなわち、政治の安全を獲得して内乱を防ぐ手段と方法は、全キリスト教徒が「イエスはキリスト(救い主)である」という一点において、副次的な礼拝の方法のちがいなどで論争するのではなく、平和に向かって統一することであるとホッブズはいう。

さらにホッブズは、キリスト教徒である主権者の定める「市民法」は「自然法」「神の法」「教会法」をふくんでいるし、「市民法」は「神の王国」の再建のために書かれた聖書と同じである、とまでいい切っている。ここまでくると、「市民法」を作る主権者の命令は「自然法」「神の法」と同じであるから、「コモンウェルス」(政治社会)の安全と人民の生命の安全を第一義的とする主権者の命令には服従すべきである、ということになろう。

「暗黒の王国」とはなにか

ホッブズは、人びとが「天の王国に受容される条件」は、神・主権者の命令と「聖書の戒律」を守ってそれに従うべきだといいながら、他方で人びとが「神の王国」に入ることを妨げている集団がいる、という。これらの集団についてはすでに『市民論』のなかでも述べているが、『リヴァイアサン』第四部の「暗黒の王国」についての部分で再度取りあげて、「暗黒の主権者」としての「サタン」の正体――ローマ・カトリック教会のこと――を明らかにし、その息の根を止めようとしている。ここでいう「暗黒の王国」とは、ホッブズによれば、この世の人びとを支配するために邪悪な教義によって「自然の光」や「福音の力」を奪い、人びとが「神の王国」に入れないようにする「詐欺師の連合体」のことである。

さらにホッブズは、カトリック教会が「暗黒の世界」から解放されていないのは、聖書のなかにアリストテレスの哲学や不確定な歴史を混入させているからだ、と述べている。なかでも問題なのは、もともとはモーセによってユダヤ人のために設定されたものである「神の王国」をめぐって、カトリック教会が自分のことを「神の王国」であると述べたり、教皇は「現在の教会」におけるキリスト教会の総代行者であるから、各国の主権者(王)に王冠を与えるべきであると述べている点だ、とホッブズはいう。ホッブズは『リヴァイアサン』において、カトリック教会の教説である「スコラ哲学」を粉砕し、ローマ教皇の世界支配の野望を打ち砕くことを目ざしたのである。

「スコラ」とは、アリストテレス、ストア派などの学校で議論した「時間」、つまり「余暇」のことだ、とホッブズはいう。スコラ哲学はキリスト教のなかにギリシア哲学が混入したもの――つまり形而上学と聖書との混合物――であるが、この学問は民主政以外の政治形態はすべて圧政であると述べているとして、ホッブズは非難している。このようにみると、ホッブズは民主政に反対しているようだが、ジェズイットの理論にみられるように、民主政という名をかたって、「特殊利益」を獲得しようとするローマ教皇とカトリック教会による支配をホッブズは批判しているのである。

こうしてホッブズは、『リヴァイアサン』の最終部分「総括と討論」において、各人は「平時」にあっては「自然(法)」によって拘束されていること、反乱が起こるのは主権者権力が欠如しているからだと結論づけている。そして「市民法」は「神のことば」にも「善良な風俗」にも反しないということ、この「市民法」が大学で教えられるべきであるとし、ホッブズはかれの「政治哲学」の中枢理論である「自然法」によって設立された「政治社会」(コモンウェルス、国家)において生活するよう人びとにすすめているのである。こうしてホッブズは、国家と個人を誤った「宗教思想」から解放する理論の構築に成功したのである。

第四章　『リヴァイアサン』の後衛戦

帰国後の研究活動

一六五二年二月初め——この年一一月に、ロックはオクスフォード大学のクライスト・チャーチ・カレッジに入学している——ホッブズはロンドンにたどりつき、デヴォンシャー伯爵邸のあるフェイター・レーンに落ち着いた。その後は、政治にかかわる言動は注意深く避けて研究を続け、かねてからの念願であった『物体論』を一六五五年に、『人間論』を一六五八年に出版している。相変わらず旺盛な研究活動である。

ホッブズは、「哲学体系」——『物体論』『人間論』『市民論』——を構築する途上で一六四〇年に「内乱」（革命）がはじまったため、『物体論』『人間論』『市民論』の順序で書く予定であったのを急遽順序を入れ替えて、『市民論』を優先させたことはすでに述べた。しかしホッブズの名前を不朽のものにしたのは、結局は「社会の哲学」（市民論、政治学、国家論）であったから、帰国から亡くなるまでの三〇年足らずの時期（一六五二年二月から七九年一二月、六三歳から九一歳）は、かれの研究生活にとっては、いわば主著『リヴァイアサン』を守る「後衛戦の時代」であったといってよいであろう。

とはいえ、先ほどの『物体論』『人間論』のほかに書かれた『哲学者と法学徒との対話』(一六六六年頃執筆)、『ビヒモス』(一六六八年には完成していたようだが、国王チャールズ二世に危険だからと止められたため出版されず、七九年に秘密出版されている)などは、ホッブズの思想を理解するうえできわめて重要な著作である。

『物体論』と『人間論』

ここで、『物体論』と『人間論』について簡単に述べておこう。ホッブズは亡命先のフランスから帰国して三年目に『物体論』を、六年目に『人間論』を書いている。クロムウェル体制下で研究環境もようやく落ち着き、年来の念願であった「哲学体系」、つまり『物体論』『人間論』『市民論』の三部作が完成した。かれ七〇歳のときであった。

『物体論』は四〇〇字詰原稿用紙に換算して約八〇〇枚のかなりの大作である。この書は第三代デヴォンシャー伯爵に捧げられているが、その献辞のなかで、「自然の哲学はガリレイに」、「人体の科学はハーヴイに」先んじられたが、「社会の哲学」はこのわたくしにはじまると揚言している。ホッブズは一六五一年に大著『リヴァイアサン』を書き、近代初の政治学者としての不動の地位をすでに確立していたし、「自然の哲学」にかんする『物体論』や「人間の本性」にかんする『人間論』の基本的部分は『法の原理』(一六四〇年)、『市民論』(一六四二年)、および『リヴァイアサン』で言及しているのだから、さらに『物体論』や『人間論』を書く必要があったのかと思われる。ホッブズは「政治学」よりも「哲学」を高次の学問として位置づけていたが、それはなぜなのか。『物体論』『人間論』『市民論』という「哲学体系」の構築に、なぜこだわったのであろうか。

ピューリタン革命研究の権威クリストファー・ヒル(一九一二―二〇〇三)は、一七世紀前半のイングランドでは、資本主義の発展に合わせて、航海士、商工業者、手工業者、自由土地保有者などのあいだで天文学、数学、幾何学、測量学、医学、解剖学などが、主としてロンドンを中心に民間レベルで発展していたさまをえがいている。ホッブズもこういう事態を当然に知っていたはずである。かれは自分の政治学は、『物体論』や『人間論』(四〇〇字詰原稿用紙約六〇〇枚)をふまえて書かれていることを誇示したかったのであろうか。

しかし、自然哲学や人間学を研究しただけでは、「社会の哲学」(国家論)を導出することはできない。イングランドの政治史、法学史、経済史、歴史学などを知らなければ、国家論や政治学を書くことはできまい。また、国家論を書くためには、プラトン、アリストテレス、エピクロス、キケロー、セネカ(前四五―後六五)、ルクレティウス、マキァヴェリ、ボダン、ルター、カルヴァン、カトリックの教義、グロティウスなどの哲学的著作や宗教学などを知らなければならない。ホッブズは哲学、歴史、政治、法学、宗教、自然科学等のすべての学問を研究し、それらを利用しようとした一大体系家、マルチ人間であった。ホッブズが『物体論』『人間論』『市民論』を総合的にまとめようとしたのは、このゆえにであったと思われる。

ホッブズの交友関係

この頃ホッブズは、ハーヴイや、「権利の請願《ペティション・オブ・ライト》」の起草に参加したセルデン(一五八四―一六五四)とも親交を深め、セルデンの死に立ち会い、一〇ポンドを遺贈されている。ハーヴイ(一六五七年没)もホッブズに一〇ポンドを遺贈している。

帰国後のホッブズは、研究上でも経済的にも不便・不安はなかったようである。なぜなら、デヴォンシャー伯爵のダービーシャー州チャツワースの本宅には立派な書庫があり(ここにはホッブズ直筆の多数の自然科学の論文が残されている)、かれが必要だと思う本は伯爵家がなんでも

ホッブズが晩年に住んでいたチャツワースの館

買い与えてくれたからである。経済的には主人から手厚い保護を受けていたし、伯父からは遺産としてマームズベリの草刈地を譲り受けていた。またシドニィ・ゴドルフィンからは二〇〇ポンドを贈与され、王政復古後(一六六〇年)は、国王から一〇〇ポンドの年金を受けている。

ホッブズは伯父から譲り受けた土地の生涯用益権を甥のフランシスに譲渡し、また甥の負債二〇〇ポンドを代わって返還してやっている。さらに、残りの財産を甥の長男トマス・ホッブズに与えている。ホッブズは晩年、さまざまな人びとによる経済的援助に深く感謝し、ぜいたくさえしなければ生活にはなんの支障もなく、いまが至福のときであると述べている。

ホッブズが亡くなったとき一〇〇〇ポンドしか残

っていなかったとオーブリーは不思議がっているが、これもまたホッブズが学問に打ち込んだ証左ではなかろうか。ともかくかれは、一六五二年から七五年にデヴォンシャー伯爵家の本宅(この広大な敷地はこんにちではイギリス有数の観光地となっている)に移るまでの二三年間、その大半をロンドンのデヴォンシャー伯爵の邸宅があったリトル・ソールズベリ、次いでクイーン・ストリート、最後はニューポートで過ごし、もっぱら読書と思索にふけっていたのであった。

チャールズ二世の帰還

ここにひとつのエピソードがある。一六六〇年五月、いまや国王となったチャールズ二世がロンドンに帰還した。ホッブズは前年の冬から、デヴォンシャー伯爵の本宅に滞在していたが、オーブリーからの知らせを受けて、国王の帰還をひとめ見たいと急遽ロンドンに赴いた。国王一行が、主人のデヴォンシャー伯爵とホッブズがいたソールズベリの邸宅のまえを通りかかったとき、国王はそこに待ち受けていたホッブズを見つけ、側に呼び寄せ、かれの健康や現状について親しく下問した。それからまもなく、ホッブズは国王の肖像画を描いたことで有名なサミュエル・クーパーの斡旋で国王に謁見する機会をえている。しかしこれでもって、かれと国王の関係が深まったとは思えない。

かれは国王の帰還をどう考えていたのだろうか。ホッブズの同時代人で、ホッブズを尊敬していて、近代的政治制度論の最初の著作『オシアナ』(一六五六年)を書いたハリントンも、ロンドンの主要道路である流線形型の「リーゼント・ストリート」(髪型リーゼントの語源)における国王帰還パレードを見ていたようだ。このときかれは、「国王が帰ってくれば帰ってくるがよい。しかしもはや過去の時代と同じではない。恐らくあと一〇年くらいで変化が起こるだろう」とつぶやいたそうである。革命を必然的なものと考えていた、いかにもハリントンらしいエピソードであるが、この話は「名誉革命」を予言していたものといえないだろうか。

近代政治学の祖ホッブズも、恐らくは同じ思いであったのではないかと思われるが、いまとなっては推測する以外にない。当時オクスフォードのクライスト・チャーチ・カレッジのギリシア語講師であった若きロックは、かれの最初の政治的小冊子『世俗権力論』(一六六〇年)を書いたときには、『リヴァイアサン』は王政復古を正当化したもの——これは誤解であるが——と受け止めていたようである。

ロンドンでの研究生活

ホッブズは王政復古(一六六〇年)後、七五年にチャッツワースのデヴォンシャー伯爵家の本宅に移るまで、ロンドンでもっぱら読書と思索にふけり、とくに晩年の七〇歳代後半から八〇歳頃にかけて、ホッブズの政治思想を理解するうえで必須の二大傑作『哲学者と法学徒との対話』(一六六六年頃)、『ビヒモス』(一六六八年頃完成、七九年秘密出版)を書いている。

前著は、一七世紀のイングランドにおけるコモン・ロー(普通法。裁判所の判決例を集成したもの)の大家サー・エドワード・クック(一五五二―一六三四)の「コモン・ロー至上主義」にたいして、政治社会=国家においては、全人民の契約によって創出した最高権力者=主権者の制定した法律が優越することを主張し、世界初の民主的政治システムの理論を構築したものである。このことによって、法学者たちはホッブズをベンサムと同じような「法実証主義」の創始者であると述べているが、ホッブズのばあいには法律の背後にその可否を問う道徳法(自然法)があることを忘れてはならない。ちなみにベンサムもコモン・ロー研究の大家オクスフォード大学教授ブラックストーン(一七二三―八〇)を批判して、「最大多数の最大幸福」原理によって法律を制定することを主張している。

後著は、ひとつは国王と議会の対立、もうひとつは世俗的主権者と宗教権力（カトリックやプロテスタント）との対立原因を革命分析を通じて明らかにしたものである。

前著は、主権者という近代的政治概念を明らかにし（ロックはのちに「議会（国会）主権」という形で国王権力と議会権力との統一をはかった）、後著は、世俗権力と教会権力の分離、および世俗権力の教会権力への優越という近代国家概念を確立する方向性を明示している。両著に共通しているのは、プラトンの対話形式をまねた「AとBの対話」というかたちで読者が理解しやすいように書かれている点である。

身辺のトラブル

もっとも、この一見安穏そうに見えた時期でも、ホッブズの周辺でトラブルが生じなかったわけではなかった。パリ時代の論争相手であったブラムホールとの論争が再燃し、ホッブズは『自由と必然性』（一六五四年）、『自由・必然および偶然にかんする諸問題』（一六五六年）などを書き、ブラムホールも『大鯨リヴァイアサンの捕獲』（一六五八年）で応酬している。ホッブズの批判は、ブラムホールは自由意志をスコラ哲学で述べ、自分は理性で書いている、というものであった。

また、ホッブズには宗教界だけでなく自然科学の分野にも論敵がいた。数学者のジョン・ウォリス(一六一六―一七〇三)や、物理学者で、「ボイルの法則」で有名なロバート・ボイル(一六二七―九一)などである。かれらはホッブズが実験に弱い(大学には実験室があったし、ボイルは私設の実験室をもっていた)という理由でホッブズを批判し、一六六〇年に自然科学振興のために「王立協会」が設立されたとき、ウォリスやボイルの反対でホッブズは入会を拒否されている。

なお、ロックは一六六八年に入会を許可されている。ロックとボイルは親友であった。『名士小伝』でホッブズについて書いたオーブリーはロックより六歳年上で、生家が近く、幼い頃から仲が良かったようであるが、ロックがオーブリーを通じてホッブズと接触するのを避けたのは、ボイルに気をつかっていたのかもしれない。もっとも『ロック伝』(一九五七年)の著者モーリス・クランストンによれば、二人は一度は会っていたようである。オーブリーは『名士小伝』のなかで、ホッブズがもっと早く自然科学の研究に着手していたならば、と口惜しがっている(オーブリー自身は王立協会への入会を許されている)。しかしホッブズの「本命」はあくまでも政治学や社会科学であったから、このような「いじめ」はとるに足りないことであったろう。

ホッブズにたいする嫌がらせは学界だけでなく政界でも高まってくる。すなわち一六六五年の「ペストの流行」、翌六六年の「ロンドンの大火」は、「ホッビズム」のせいだとされた。このようにかれが嫌われたのは、逆にホッブズがいかに大物であるかを証明するようなものではないか。かつての友人でいまでは政府の最高責任者となっていたクラレンドンは、「異端者」を刑法上の犯罪者とみなす法案を下院に提出し、ホッブズを攻撃した(『哲学者と法学徒との対話』のひとつの重要なテーマは、イングランドでは異端者を弾圧する法律はなかったということを証明することであった)。また下院の「法案審議委員会」では、『リヴァイアサン』が無神論思想の書であるかどうかを調査することになり、ホッブズをふるえあがらせたが、幸いにもこの法案は上院で否決された。一六六八年三月には、ケンブリッジ大学のコルプス・クリスティ・カレッジのフェロー、ダニエル・スカーギルが、ホッブズ主義者、無神論者のかどでその職を追われている。

しかし、八〇歳近くなった老大家ホッブズは「ますますかくしゃくとして、気力十分、さまざまな自己防衛と正当性を論証するための著作を書き続けております」とオーブリーは『名士小伝』で述べている。前述の『哲学者と法学徒との対話』『ビヒモス』などがそれである。

ホッブズを支えた人びと

このように、王政復古後もホッブズの身辺にはたえずトラブルが発生し、身の危険をともなったが、かれを支える有力者たちもいた。たとえばクラレンドン失脚後(一六六七年)に新政府を構成した大臣のひとりアーリントン(一六一八―八五)は、ホッブズとはフランスに亡命宮廷が設けられていた頃からの知り合いで、穏健な寛容政策をとり、議会の迫害からホッブズを守るために努力している。なお、『ビヒモス』はアーリントンに捧げられている。

また、トスカナ大公コジモ・デ・メディチ(三世。一六四二―一七二三)も、一六六九年にイングランドを訪問したとき、アーリントンの紹介でホッブズと会い、その思想にいたく感銘してホッブズの著作と肖像画をもち帰り、フィレンツェのメディチ・コレクションに加えたほどである。そのほか、セルデンの友人で民事裁判所主席裁判官であったジョン・ヴォーンやマシュー・ヘイル(王座裁判所の主席裁判官)といった、寛容的立場を擁護する法学者たちもホッブズを支持している。ヴォーンはホッブズの『哲学者と法学徒との対話』を絶賛し、ヘイルも共感を示している。

また、ロックは当時、「寛容」にかんする論文を執筆しつつあったから、その頃アーリントン宛に「異端にかんする論文」を書いていたホッブズと間接的にではあれ共同戦線を張っていたこと——ロックは「不良」老人ホッブズと交友関係をもつことを注意深く避けているが——は興味深い。

そのほか、ホッブズの応援団としては、ベン・ジョンソン(詩人、劇作家)、ウィリアム・ペティ、ハリントン、ダヴェナント(詩人、劇作家)、ウィリアム・チリングワース(ハリントンのケンブリッジ大学におけるチューター)、ドライデン(詩人、劇作家)など、錚々たる人びとがいた。

ロンドンからチャッツワースへ

一六七五年、八七歳のとき、いよいよホッブズはロンドンを離れて、第二の故郷ともいうべきデヴォンシャー伯爵の本宅のあるチャッツワースと、その近郊にある別邸ハードウィック・ホール(初代デヴォンシャー伯爵の妻の館)に移り住む決意をしている。その前年までにホッブズは『イリアス』『オデュッセイア』の英訳を完成するという大仕事をやってのけた。

その後は、キャヴェンディッシュ家の伝統に従ってかれも教会に通いだし、聖餐式にも加わったが、説教がはじまると、いつも聞かずに退散してしまったようだ。いかにもホッブズらしいではないか。

ハードウィック・ホールには、ホッブズが亡くなる数年前(八八歳か八九歳)に描かれたといわれる肖像画が飾ってあり、この絵は、こんにちでは「ナショナル・トラスト」のために写真撮影は禁止されている。また『ラテン語自伝』によれば、七〇歳のときに描いた肖像画がチャールズ二世の一室に保存され、そのほかにもイングランドやフランスに何枚か存在しているとのことである。ハードウィック・ホールの肖像画では、大柄な体つきもややほっそりとなり、いまや、トレード・マークの黒髪(オーブリーによれば、この黒髪のゆえに幼少の頃のホッブズは「からす」と呼ばれていたようだ)も白髪と化し、その老残の細面は、優しいまなざしをもってしっかりと前方を見つめている。

ホッブズの死

一六七九年一二月二日、風邪のために死の床に横たわっていたホッブズは、羽毛ぶとんに包まれて、馬車でチャッツワースからハードウィック・ホールに移され、二日後の一二月四日に静

ホッブズの眠るハードウィック近郊の聖ジョン・バプティスト教会

かに息をひきとった。

ホッブズの遺体はハードウィック近郊のオールド・ハックナルの教区教会である聖ジョン・バプティスト教会の、祭壇のすぐ前方床下に埋葬されている。その黒い石板にはかれ自身がつくったラテン語の墓碑銘が刻まれている。

マームズベリのトマス・ホッブズここに眠る
かれは長年にわたりデヴォンシャー伯爵親子二代に仕えた
高潔な人柄と学問的名声は国内外に広く知られている
西暦一六七九年一二月四日没、享年九一
（筆者訳）

なんと堂々とした墓碑銘ではないか。

以上でホッブズの生涯と主要著作についての解説を終える。ホッブズは『自伝』でも自分のことはほとんど書いていないし、ホッブズを知る資料もあまりなく、どれほどホッブズの実像や思想を伝えることができたか、はなはだ不安である。あとは、ホッブズの著作を読み、そこからできる限りかれの思想を読みとっていただきたい。

Condita hic ſunt Oſsa
THOMÆ HOBBES
MALMESBURIENSIS,
Qui per multos annos ſervivit
Duobus DEVONIÆ comitibus,
Patri et Filio.
Vir Probus, et Famâ Eruditionis
Domi Foriſque bene cognitus.
Obiit Ann. Domini 1679
Menſis Decembris die 4
Ætatis ſuæ 91
ホッブズによるラテン語の墓碑銘

ホッブズについて伝える資料がほとんど残っていないにもかかわらず、かれの思想はこんにちまで大きな影響を与えている。最後に、かれの近代政治思想史上における意義について述べることにする。

第五章　近代政治思想史上におけるホッブズの意義

イギリスの「二つの革命」と民主主義思想の形成
――ピューリタン革命から名誉革命へ――

一七世紀イギリスの二つの市民革命は、その後の近代全体にかかわる政治・経済・思想の民主主義モデルを形成した。トマス・ヒル・グリーンの『イギリス革命講義』(一八六七―六八年)は、二つの革命を連続した市民革命として明確にとらえて叙述している。

ホッブズは名誉革命の一〇年ほどまえの一六七九年一二月に亡くなっているから、かれこそが、ピューリタン革命(一六四〇―六〇年)から名誉革命(一六八八年)に至る二つの革命の新しい息吹を感得しながら生き抜いた「時代の子」であったといえよう。「偉大なる思想家」は「偉大なる時代」に生まれ合わせるとはこのことであろう。

また、たんに「ある時代の」、「ある国において」影響力を与えたというだけでは偉大な思想家、世界の大思想家とはいわれない。ホッブズはピューリタン革命期のイギリスにおいて多大な影響を与えただけでなく、当時のヨーロッパにおける市民革命全体に影響を与え、それはこんにちにも及んでいる。したがって、このような世界の大思想家は、かれの生きた時代だけでなく、その後の時代にどのような影響を与えたか、いや、いまなおどのような影響を与え続けているかを検証する必要がある。

ハントン、ハリントン、ロック

一七世紀の二つのイギリス革命期には、さまざまなすぐれた政治思想家が輩出したが——たとえばミルトン、アルジャーノン・シドニー（一六二二—八三）など——、三人の政治思想家ハントン、ハリントン、ロックについて述べることにする。

クロムウェル時代にオクスフォード大学総長をつとめたハントン（一六〇〇—八二）は、その著『モナーキー論』（一六四三年）において、ホッブズが批判の対象として言及していた中世的な「制限・混合王政論」を「議会主権論」という近代的政治論に組み変えた点で、ホッブズの「主権論」（国家においては「権力はひとつ」でなければならない）の考えをロック（一六三二—一七〇四）の政治論（議会主権論）に橋渡しした思想家といえよう。イギリス伝統の「制限・混合王政論」は、政治は国王と議会の協調によってうまく取りおこなわれるという考えであるが、国王の権力と議会の権力が対立すると紛争が絶えなくなり、あげくの果てには内乱へと至る危険性がある。ハントンは国の主権は「国王・上院・下院」の三身分からなる議会にある（議会主権）とすることによって、ホッブズが批判していた「二重権力論」を克服しようとした。そしてこの「議会主権論」は、晩年のホッブズも認めていたようだが、ロックに引き継がれ、こんにちの「議会制民主主義論」へと発展したのである。

ハリントン（一六一一―七七）はイングランドきっての名門貴族の長男で、チャールズ一世とはいとこの関係であった。かれはケンブリッジ大学を中退し（ホッブズと同じく、大学の旧態依然のカリキュラムに失望していた）、六年余りヨーロッパ各地を回遊して各国の政治制度を研究し、長期議会のはじまるまえに帰国して長期議会の選挙に立候補したが落選している。ハリントンは大貴族の出でありながら、もはや「王政」はいらない、「民主政」でなければならないと主張し、一六五六年に『オシアナ』を書いて「クロムウェルの独裁」にも反対している。

かれはギリシア時代の「くじ引き《バロット》」「交代制《ローテイション》」を柱にする政治制度と、イングランドを一五〇の地区に分けて、財産資格を無くした「セネート」（上院）と「ピープル」（下院）による二院制の代表制を提案している。ここで重要なのは、「くじ引き」によって代表が選出され、二年に一度交替し、再度代表になることはできないという徹底した交替制度によって、権力の専制化を防ぐ方法を提案している点である。これは、政治学でいえば「政治原理論」と並んで重要とされる「政治制度論」で、「制度」によって権力を抑制するという考え方である。

ハリントンはホッブズの政治論を高く評価しているが、ホッブズには権力を抑制する「制度論」がないことに危惧の念を表明していた。ホッブズは「社会契約《ソーシャル・コントラクト》」の思想原理が最大の権力抑制機能を果たすと考えていたが、一六六六年頃に書いた『哲学者と法学徒との対話』ではイギリスの議会政治を評価しているから、「制度論」の重要性を認めていたものと思われる。いずれにせよハリントンの「政治制度論」は、「国王・上院・下院」から成る議会に最高権力があるとしたロックによって受け継がれていると思われる。

成功した革命のイデオローグ、ロックは、ホッブズの「社会契約論」、ハントンの「制限・混合王政論」、ハリントンの「政治制度論」を巧みに接合しつつ、それに近代資本主義の中心思想である私的「所有権」を「自然法」によって正当化した（財産は「労働」によって作られ、その適正な所有は自然法によって認められているとする）。そして、所有権を守るために「社会契約」を結び政府を作るという、近代政治・経済思想のモデルを作り上げたのである。

プーフェンドルフ

ホッブズの政治思想は、イングランドではロックによって受け継がれたが、ホッブズの「社会契約論」を大陸に普及させたのはドイツの政治思想家プーフェンドルフ(一六三二―九四)であった。ホッブズの政治学書は、ラテン語版『市民論』(一六四二年)のほかに、一六六八年にはアムステルダムで『リヴァイアサン』のラテン語訳が、翌六九年にはオランダ語訳が出版されているから、プーフェンドルフはホッブズの著作を読むことは十分に可能であった。

プーフェンドルフは一六七二年に『自然法と万民法』を出版し、翌七三年に『人間および市民の義務』を出版している。かれはこれらの著作においてホッブズとグロティウスの思想にもとづき、とくに「社会契約」の部分ではホッブズの「自然状態」「自然法」「社会契約」「国家の制度」という論理構成を用いて、いわゆる近代国家論を展開している。そのさいプーフェンドルフはホッブズの「社会契約論」に二点ほど修正を加えている。

ひとつは、ホッブズが国家設立の前提としていた「自己保存《セルフ・プリザベーション》」に「所有権の安全」という問題を加えている。すなわち「自然状態」では「自然法」によって「私有財産」が獲得されるが、やがて「私有財産」をめぐってさまざまな争いが起こるので、人びとは契約を結んで「共同社会」を設けたとプーフェンドルフはいう。このことばは、ロックが『政治二論』(一六八九年)の第一部の終わりの部分で展開した、所有権を守るために国家設立が必要であると述べた「市民政治論」のモデルと考えられよう(ロックのばあいには、所有権の発生に「労働」の概念を用いているところに独創性がある)。

もうひとつの修正点は、ホッブズの「主権者」(代表)は、契約者全員のなかから「多数決」によって選出されるのにたいして、プーフェンドルフは、契約によって「共同社会」を作り、さらに主権者(ときの権力者)と共同社会構成員とのあいだで契約するという「直接契約」(第一次)と「統治契約」(第二次)の二重のやり方をとっている。この「主権者」と「共同社会のメンバー」との「統治契約」という思想は中世的政治思想であり、近代国家をもたないドイツの政治状況(領邦国家)を反映したものであろう。

とはいえ、プーフェンドルフの「社会契約論」はきわめて論理的かつ明快であったため、一八世紀中葉頃のイングランドに逆輸入され、カーマイケル(一六七二―一七二九)などの「スコットランド啓蒙思想家」たちやスミスに一時期影響を与えた。しかし、市民階級不在のドイツでは、プーフェンドルフの思想は影響力をもたなかった。二〇世紀前半にドイツが二度の世界大戦の「仕掛け人」となったのは、そのゆえにであろう。

スピノザ

スピノザ(一六三二—七七)は、奇しくもロックやプーフェンドルフと同じ一六三二年に生まれている。この三人のなかでは、ロックが近代政治思想史上のスーパー・スターとして輝いているが、スピノザは、ホッブズの思想をのちのルソーに受け渡したという点で、その功績はきわめて大きい。

スピノザがホッブズのどの著作を読んだかはよくわからないが、恐らく『市民論』や、一六六八年にアムステルダムで出版された『リヴァイアサン』のラテン語訳を読んでいたのではないかと思われる。スピノザの『エチカ(論理学)』(一六七七年)、『神学・政治論』(一六七〇年)、『国家論(政治制度論)』(一六七七年)などの著作には、ホッブズの名前はまったくでてこないが、『スピノザ往復書簡』のなかで一カ所、「自然権の譲渡」にかんするホッブズとのちがいについて述べているところがある。他方、ホッブズもオーブリーのすすめで『神学・政治論』を読んで、「自分にはとてもこのような過激な意見は述べられない」といったというから、スピノザのことは知っていたにちがいない。

しかし、スピノザがホッブズの影響を受けていることは、たとえばスピノザがホッブズと同じく「人間の本性」から『エチカ』の考察をはじめていること、また『神学・政治論』の内容がホッブズの『市民論』や『リヴァイアサン』の構成に似ていることからもわかる。『神学・政治論』では、スピノザはその前半部分でホッブズと同じく旧約聖書を素材にして「宗教と国家の分離」と「市民国家における主権者の教会権力にたいする優越」を述べている。そして後半部分では、人間が「自己保存」と「自然的自由」を確保するためには、契約によって「力を合成」してひとつの政治社会を設立するようにと主張している。そしてこの説明こそ、ホッブズの政治思想から学んだものではなかろうか。

ホッブズとスピノザの政治論が唯一異なっているのは、オランダ共和国という政治風土に育ったスピノザは、最高権力者の権力をチェックする必要があると考えていた点である。スピノザは恐らく、王権のもとで自治権をもつ七つの都市貴族団体による連邦制国家を構想していたのではないか。

その後、近代ヨーロッパでは、全国民の代表である議会による民主主義(議会制民主主義)が形成されていくから、ドイツの領邦国家や貴族団体の連邦制のイデオローグであったプーフェンドルフやスピノザの政治思想は主流とはなりえず、このことが大革命期のフランスを除き、その他の大陸諸国、とくにドイツにおいて、近代自然法思想が発展・定着しなかった理由であったと思われる。

ルソー

一八世紀末のイギリスにおいて、民主主義をめぐってペインとバークが衝突する一五年ほどまえに、大陸フランスではルソー(一七一二―七八)が現れ、かれの『社会契約論』(一七六二年)はフランス革命の導火線となった。そしてその透徹した「人民主権論」によって、ルソーは、ホッブズ、ロックとともに近代政治思想史上にその輝かしい名をとどめることになる。

一八世紀中葉になると、資本主義が発展途上にあった国(イギリス)、あるいは資本主義が創生期にあった国(フランス)では、生産力の向上によって生活の豊かさが保障されるというプラス面と同時に、早くも資本主義の矛盾(資本家階級と労働者階級の対立)による貧困、失業などの「富の不平等」の発生というマイナス面が現れ、そこでは「自由の拡大」という要求のほかに「不平等の是正」というテーマが思想家たちにとって最大かつ緊急の課題となった。

自然法思想家たちのなかで、「不平等」問題を最初に真正面から取りあげたのはルソーであった。ホッブズやロックは「生命の安全」や「財産」を保障する問題を解決するために自然権や自然法思想によって封建的絶対主義に対抗することに追われ、「不平等」の問題を真正面から取りあげるまでには至らなかった。しかし、ルソーが生きたフランス社会は、イギリスほどには民主主義が進んでいなかったために、封建的絶対主義からの政治的抑圧と初期資本主義から発生した社会的・経済的矛盾という二重苦にあえいでいた。

こうした状況をみたルソーは、一七五五年に『人間不平等起源論』を書き、少数の富裕な者が多数の貧困者を集めて物を作らせると「金をもうけることができる」ということに気づいたときに「不平等」がはじまったと述べている。このときルソーは、のちのマルクスやエンゲルスたちのように経済的・社会的矛盾を構造的に明らかにすることができなかったから、「不平等是正」のためには「私益」と「公益」を同時に理解できる「市民《シトワイヤン》」の創出が必要であるとする『社会契約論』を書くほかすべがなかった。

ここでは、かつてホッブズやロックが「自然状態」「自然権《ナチュラル・ライト》」「自然法」などといった順序を踏んで組み立てていった政治論をくり返す必要はもはやなかったから、ルソーはいきなり、すべての人間が社会契約によって政治社会を作ることに「参加する」といった、「人民(国民)

主権論」を提起している。そしてそうした「力の合成」による人民の意志と力をルソーは「一般意志《ヴロンテ・ジェネラール》」と呼び、この「一般意志」がすべての権力――国王、三身分（身分制封建議会）、教会権力――よりも優位すると述べた。こうした説明の仕方は、ホッブズの「力の合成」「共通権力《コモン・パワー》」という説明と同じではないか。

ルソーは、ホッブズのはなはだわかりにくい「主権論」（人民の契約によって作った「共通権力」に参加した人びとの多数決によって代表を選び、その代表が主権者であるという説明）を「一般意志」によってすっきりさせ、主権者と契約者全員との利害の乖離というホッブズ主権論にたいする誤解と批判（主権者に「強い力」を与えよ、主権者には抵抗してはならない）を一掃することに成功している。

すなわちルソーは、全成員の「力を合成」して「一般意志」が形成された状態を受動的にみれば国家＝政治社会、能動的にみれば主権者《スヴラン》と述べることによって、この政治社会を「人民主権論」を基礎にした民主国家とすることを可能にしたのである。またルソーが集合的には人民《プープル》、主権に参加するものとしては市民《シトワイヤン》、国家の法律に服従するものとしては臣民《スジェ》と述べたことは、代表人格としての主権者と契約者全員の意志とは一致するという論理を述べただけのホッブズにたいして、主権者＝契約者全員であるという「人民主権論」を具体的に表現したものといえよう。

これによって、ルソーは自分たちの安全のために「力を合成」し、その力を自分たちのために行使し、その力(主権者)が制定した法律やルールには自発的に服するというホッブズ的「法の支配」観念に「人民主権論」を接合し、真に近代的な国民国家論を理論化することができたのである。なおルソーは、ホッブズの「平和の思想」をヨーロッパ全体に拡げることを考え、サン＝ピエール(一六五八―一七四三)の『永遠平和の草案』(全三巻、一七一三年)を研究していることを指摘しておこう。

ペインとベンサム

では、イギリスにおいて、ロック以降ホッブズの「社会契約論」はどのように継受されたのだろうか。イギリスでは名誉革命後、地主階級と資本家階級が妥協し、国家と資本主義が発展し、ヨーロッパでもっとも安定した国家・社会になった。そのとき「社会契約論」は忘れられ、ヒュームやバークのような「歴史と伝統」を重視する政治思想が生まれた。

他方、アメリカ独立戦争期にそれを支持して『コモン・センス』を書いたペイン(一七三七―

一八〇九)は、イギリスの誇る議会は、国王は世襲、上院は非選出の貴族、下院の選挙権は成人男子の七分の一しかもっていないからイギリスは真の民主国家ではないと批判し、「社会契約原理」にもとづく選挙をアメリカ植民地人に提案し、独立に立ち上がらせた。アメリカやフランスでは近代国家を形成する原理としては「社会契約論」が有効であったが、産業革命によって資本主義が発展し、新しい時代に向かいつつあった――中産階級や小市民階級の台頭しつつあった――イギリスでは、「社会契約論」はもはや選挙権の拡大や経済的平等を志向する危険思想として警戒されていて、「市民社会」(資本主義社会)により適合的な新しい政治思想の出現がのぞまれていた。それがベンサム(一七四八―一八三二)の「最大多数の最大幸福原理」であった。ベンサムは「最大多数」という「数の論理」を主張し、「一人一票《ワンマン・ワンヴォート》」の「普通選挙」によって国民代表を選出すべきことを提案した。

大陸諸国にくらべて民主主義の進んでいたイギリスでは、もはや「自然状態」「自己保存」「自然権」「自然法」「国家の創出」という論理は必要なく、「得するか」「損するか」という功利的観点に立つ政治思想による政治改革の段階に入っていたのである。そしてこのベンサムの政治思想は、イギリスでは一九世紀中葉以降さらに労働者階級の要求を視野に入れた福祉国家への道(J・S・ミル、グリーン)へと進展し、さらには資本主義の矛盾(資本の論理)を修正しようとする植民地政策・帝国主義への批判（ホブハウス（一八六四―一九二九））や社会民主主義の提案（E・H・カー（一八九二―一九八二）、ラスキ）へと進んでいくのである。しかしこのことは、ホッブズ以来の「自由・平等・平和」を求める民主主義思想を継受・発展させたものであることはまちがいない。

カントとヘーゲル

近代民主主義の発展を考えるさい、いつも問題になるのが、イギリス・フランス系の思想とドイツ系の思想との関係である。明治維新以来の日本の近代化過程を、長谷川如是閑は「ドイツ思想がイギリス思想を追放した歴史である」と述べているように、近代日本の政治は、イギリス・フランス系の自由民権運動をドイツ系の明治政府が制圧して以降、帝国大学・旧制高校においてはドイツ法、ドイツ哲学、ドイツ文学が主流を占めることになる。イギリス法は早稲田、慶応、中央、フランス法は明治大学で教えられ、官僚国家日本では、「官学の私学への優位」という現象が続いたのである。

事情は戦争中に日本の同盟国であったドイツでも同じで、ドイツにおいて「社会契約論」や

「自然法思想」の重要性が認識されたのは第一次世界大戦のドイツの敗北後のことである。トレルチやトマス・マンは自然法思想の重要性を提起し、そういう流れのなかで、テニエスの『ホッブズ——人と思想』(一九二五年)が生まれた。

ドイツの誇る世界の二大哲学者カント(一七二四—一八〇四)とヘーゲル(一七七〇—一八三一)も、ホッブズやロックの政治思想を十分に理解することができなかった。フランス革命は隣国ドイツに大きな影響を与えた。当時すでに六五歳だったカントは「ジャコバン独裁」には賛成しなかったが、ルソーの『エミール』(一七六二年)を愛読し(カントは毎朝きまった時間に散歩に出かけたが、ある朝定刻通りに現れなかった。それは『エミール』を読んでいて熱中したあまりに時間を過ごしたからだという逸話がある)、のちの国際連盟に影響を与えた『永久平和のために』(一七九五年)を書いている。このためカントはのちに「老いらくのアカ」(危険分子)と呼ばれたという。

ヘーゲルはフランス革命当時、チュービンゲン大学でフランス革命を支援する政治クラブの有力メンバーとなった。かれも「ジャコバン独裁」には反対であったが、フランス革命の成功のなかに、ドイツにおける近代的統一国家実現の夢を託していた。当時のドイツは、日本の戦国時代、江戸時代と同じく三〇〇諸侯が割拠し(ライン川の両岸に何十という古城が建っているのをこんにちでもみることができる)、近代的統一国家を樹立する道はあまりにも遠かった。ヘーゲルは初期の著作『ドイツ憲政（国法）論』（一七九九―一八〇〇年）のなかで、そうしたドイツの惨めな封建的割拠状態を評して、「ドイツはとうてい国家とはいえない」と嘆息している。

　とはいえ、ドイツにおいても、フランス革命以前から、プロイセンのフリードリヒ二世（大王）（一七一二―八六）が「上からの近代化」を推し進めていた。その動きをみたカントは、形式的には「人はすべて平等である」としながらも、実質的には封建的要素を多分に残したままの「プロイセン一般法典」の制定（一七八〇―九一年）に啓蒙の夢を託し、大王を賛美する態度をとっていた。

　ヘーゲルは、青年時代にはドイツの封建的領邦制に失望していたが、一八一八年にベルリン大学（一八一〇年創立）の教授に就任するや、プロイセン啓蒙君主に多大の期待をかけ、プロイセンを中心とする「ドイツ帝国」の夢を実現しようとする熱烈なナショナリストとなった。そして『法の哲学』（一八二一年）において、イギリス市民社会を「欲望の体系」（資本主義社会）であると批判し、公正無私を旨とする「ドイツ官僚」の統治する国家において「真の自由」が達成されるとしてプロイセンを賛美している。これは戦前日本における「官僚優位」の政治やその政治思想に似ていないだろうか。

　このようにヘーゲルは、イギリス的な「個人の自由」を基礎におき、市民的経済活動は市民自身にまかせるという市民的原理の重要性を見落としたため、結局は大土地所有者(ユンカー層)の子弟からもっぱら調達される官僚による政治支配を最良のものとして承認してしまっている。そしてカントやヘーゲルにもみられるように、ホッブズ、ロック、ルソー的な近代自然法思想を真に理解できなかったことが、第二帝政滅亡後に「ヴァイマル共和国」が創設されたにもかかわらず、わずか一四年でヒトラー(一八八九―一九四五)の独裁国家を生みだした原因であった。

ドイツと日本の「民法典論争」

ところで、ドイツにおいても、フランス革命直後に、近代自然法思想にもとづく「法の近代化」をはかる動きがあった。フランスは革命後、自国の近代化のために近代自然法の立場から「ナポレオン(民)法典」(一八〇四年)を制定した。隣国ドイツでもフランスにならって、ドイツ民法の近代化をはかる運動が起こり、イエナ大学教授のティボー(一七七二―一八四〇)が『統一的ドイツ市民法の必要性について』(一八一四年)を発表した。

これにたいし、ドイツ歴史法学派の総帥ベルリン大学教授ザヴィニー(一七七九―一八六一)は、

『立法ならびに法律にかんする現代の任務』(一八一四年)を書き、ティボーの提言に反対した。ザヴィニーは、「社会契約説」を批判したイギリスのバークと同じく、ある民族の「法律」は「言語」と同じく、その民族の固有の文化のなかから内在的に発生する歴史的所産であり、「社会契約説」でいうような合理的基準によって自由に作ったり廃止したりすることができるものではないと反論し、「民法改正」は時期尚早であるとして「民法近代化」の動きに水を差した。

近代日本においても、一八九〇(明治二三)年に作られた民法の内容が自由主義的で日本の「家族制度」を破壊するものとして、穂積八束《やつか》(一八六〇―一九一二)の「民法出でて忠孝亡ぶ」をはじめとして批判が続出し、一八九三(明治二六)年の施行が延期されるという、いわゆる「民法典論争」が起こっている。結局封建的性格のきわめて強い内容(たとえば家族における父親や長男の地位の圧倒的優位)をもった戦前日本の民法は、一九四五年の敗戦によって、ようやく民主的内容をもつ民法に改正された。いずれにせよ、この日独両国における「民法典論争」は、近代国家形成途上における両国の思想状況の類似性を知りうる事件としてきわめて興味深い。

トレルチとマン

第一次世界大戦におけるドイツの敗北は、ドイツの知識人たちに戦前ドイツの政治・社会思想についての深刻な検討と反省をうながした。そのさい、ゲルマン民族の伝統を強調して民族的優秀性を賛美する——たとえばヘーゲルは『歴史哲学講義』において、ギリシア、ローマ、イギリス、フランス以来の「世界精神」(世界史を先導する神の意志)がドイツに舞い降りると述べている——「ドイツ・ロマン主義」をどのように克服するかが、ドイツ民主化を目標とする知識人たちの解決すべき課題となった。

そうした問題にかんしていえば、マックス・ヴェーバーの盟友で、著名な宗教社会学者エルンスト・トレルチ(一八六五—一九二三)は、第一次世界大戦後「世界政策における自然法の理念と人間性」と題する講演において、今回のドイツの敗北は「思想の闘い」に敗れたことにあるとの認識に立って、「ドイツ・ロマン主義」にみられるようなドイツ民族の優秀性をいたずらに高唱する偏狭な民族主義や権威的国家主義の思想を痛烈に批判し、「近代自然法思想」にみられる「自由・平等・平和」を保障しようとする普遍的思想の確立を提起している。

また、戦前にはドイツ保守主義の枠内にとらわれていたトマス・マン(一八七五―一九五五)も、敗戦を契機に西欧デモクラシー理解の必要性を痛感し、『魔の山』(全二巻、一九二四年)では、ドイツ的思考と自然法思想との対比を軸とした「物語」を展開し、後者の前者にたいする思想的優位性を示すことに努力している。そして、この方向にたいして真っ向から冷水を浴びせかけたのが、のちに述べる保守的政治学者カール・シュミットであった。

ヴァイマル共和国はなぜ崩壊したか

第一次世界大戦後、「戦勝国」日本では、「改造」と「平和」を求める「大正デモクラシー運動」が起こったが、わずか十四、五年余で国家主義・ファシズム・軍国主義を標榜する軍閥・官僚などの反動勢力によって圧殺されてしまった。日本は英・米・仏などの強大な国家勢力群に対抗すると称して、「大東亜共栄圏」を作ることを提唱し、満州・中国への侵略を敢行したが、その背景には英米に発達した民主主義思想(自然法思想や社会契約論)を国民が十分に体得していなかったことがある。

事情はドイツでも同じで、第一次世界大戦後「ヴァイマル憲法」を制定し、ヴァイマル共和国が誕生したが、この共和国もわずか一四年でヒトラーの率いるナチ党によって制圧され、再び第二次世界大戦を起こした。

「ヴァイマル憲法」は「ドイツ社会民主党」が主導して制定したが、その草案を起草したのは「社民党」と連立した「民主党」の議員であった憲法学者フーゴー・プロイス(一八六〇―一九二五)で、同じ民主党員であったヴェーバーがその制定に尽力した。この憲法は、欧米流の自由権、参政権、社会権などの人権保障を規定し、イギリス型の議会制民主主義を採用した、二〇世紀においてもっとも民主的な憲法といわれた。

ただし、この憲法には、政治制度の面で重大な欠陥があった。それは、新しく設けられたドイツ大統領に強大な権限を与えたことである。この考えを提案したのはヴェーバーであった。かれは、ドイツ人はイギリス人ほどに民主政治に馴れていないので、議会と内閣が対立したときには、かつては国王が決めたが、いまや国王はいないから、両者を調停する「分銅の手」として大統領を位置づけ、大統領に「非常大権」(第四八条)などの強い権限を与えた。

このヴェーバーの権力観はきわめて危険であった。イギリス人民のように、市民革命以来、民主主義思想を積みあげていた国では、戦争や内乱などの「危機状況」において最高権力者に一時期権力を集中しても、「平常状態」になればその「独裁的権力」は議会にもどされる。たとえば、イギリスでは第二次世界大戦中は政府に権力が集中されたが、戦後議会に返された。また、かつてのローマ共和国では、危機回避のために三カ月か六カ月、期間を限って元老院＝議会が独裁官に権力を与え、危機が去ればその権力は元老院に返された。

しかし、民主主義の遅れた国では「危機回避」のためという理由でいったん権力が集中されれば、その独裁的権力は永続的なものとなる。ドイツの「ナチス独裁」、日本の「軍部独裁」、ソ連の「スターリン独裁」(これはマルクスの「プロレタリア独裁論」を利用したものだが、マルクスやエンゲルスは「社会主義革命」が成功するまでと期限をつけていた点に注意せよ)などがその例である。ヴェーバーは「大統領は国民によって選ばれる」という憲法条文(第四一条一項)によって大統領の独裁を制限できると考えていたようだが、ヴェーバーの「権力観」も甘いものであったといわざるをえない。

シュミットの「全体主義国家論」

この「ヴァイマル憲法」の欠陥を見抜いて、「大統領の独裁」から「ヒトラーの独裁」への道を準備したのがカール・シュミット(一八八八―一九八五)であった。かれは大資本家層のイデオローグであり、敗戦後のドイツの悲惨な困窮の現状をみて、一刻も早く「強いドイツ」を再建するために「大統領」に強い権限を与え、「社民党」や「共産党」の存在を認めている西欧型の「議会制民主主義」を否定しようとした。このためかれは「危機状況」(とくに経済的)の続いたヴァイマル体制のなかで、「危機回避」のためと称して、大統領のもつ「非常大権」(憲法第四八条)を用いて議会無視の独裁的政治を正当化し、一九二九年以降の「世界大恐慌時代」において、「大統領の独裁」から「ヒトラーの独裁」へと転化していくことを可能にする理論的根拠を提供している。

シュミットの『政治的ロマン主義』(一九一九年)、『独裁』(一九二一年)、『政治神学』(一九二二年)、『現代議会主義の精神的地位』(一九二三年)、『政治的なものの概念』(一九三二年)、『合法性と正当性』(一九三二年)、『国家・運動・国民(民族)』(一九三三年)などの著作は、全編すべて「独裁」を正当化し、「議会制民主主義」を否定する内容からなっている。シュミットはホッブズの「主権の絶対性」(主権者には反抗してはならない)という文言、ルソーの「一般意志」は最高であるという文言を取り上げて、偉大な思想家はすべて「独裁」を支持している、と述べているが、これはシュミットの勝手な解釈といわざるをえない。

またシュミットは、「ヒトラー独裁」成立後の一九三八年に『ホッブズの「リヴァイアサン』』という著作を発表し、自分はホッブズの「国家は個人の利益を保護する」と同じ考えをもっている、と述べているが、そこにはホッブズやロックやルソーのように、近代自然法にもとづいて、「生命の安全」(自己保存)「個人の自由」「個人の安全」を保障することを第一義的に重要視する理論的思考はまったくみられない。シュミットにおいては、あくまでも「国家あっての個人」であって、「個人あっての国家」ではない。とくにこの著作で問われるべきは、シュミットはホッブズの「機械論的国家論」の合理的構築方法を賞揚しつつも、ホッブズは「内面の自由」つまり「思想・宗教の自由」を認めたために「機械論的国家論」の首尾一貫性がそこなわれている、と述べている点である。ホッブズ政治学の最重要ポイントは、かれが、近代において最初に「宗教の自由」を主張した点にあることを想起すべきであろう。

福沢諭吉と加藤弘之

明治維新は、日本近代化の出発点となった。そのさい明治啓蒙期の二大スーパー・スターは、福沢諭吉(一八三五―一九〇一)と加藤弘之(一八三六―一九一六)であった。福沢は『西洋事情』(一八六六―七〇年)、『学問のすゝめ』(一八七二―七六年)、『文明論之概略』(一八七五年)の三部作を書いて、西欧デモクラシーの思想や制度を日本に最初に紹介した。このなかで福沢は、「人間の自由」や「議会政治」「政党政治」の重要性や一九世紀末の西欧デモクラシーの思想や制度を正確に紹介している。しかし一七—一八世紀の市民革命期のイデオローグであったホッブズ、ロック、ルソーなどの近代自然法思想や社会契約論などの紹介はほとんどない。これは福沢が学んだ一九世紀後半にあっては、もはや「社会契約論」の時代ではなく、ベンサム、スミス、J・S・ミルなどの「市民的自由」の時代となっていたためであろう。もし福沢が「市民革命期」のイギリスやフランスの「変革の思想」を紹介していたならば、その後の日本のデモクラシーの思想的厚みと進展の情況はもっと変わっていたかもしれない。

日本に「社会契約論」を紹介したのは、不幸なことに日本最初の保守思想家といわれた加藤弘之であった。その理由は、民主主義が遅れていた当時のヨーロッパの後進国ドイツやオーストリアでは、近代化のためにホッブズ、ロック、ルソーなどの市民革命期の「自然法論」や「社会契約論」はまだ有効であったから、ドイツ研究を通じて——当時の日本人にはドイツもイギリス同様に先進国にみえたと思われる——日本の近代化を考究していた加藤が「社会契約論」とふれる機会があったのは当然であったろう。

加藤は、明治初年に『真政大意』(一八七〇(明治三)年)や『国體新論』(一八七五(明治八)年)を書き、徳川封建制の「儒教イデオロギー」(忠孝道徳)を近代自然法論や社会契約論を用いて粉砕し、そのため、明治啓蒙期には福沢と並び称された。

しかし、福沢が生涯野にあって「薩長藩閥」と距離をおいていたのとは異なり、維新後は明治政府の中枢に入って順調に出世階段を昇っていた加藤にとって、「権力の基礎は人民にある」という「社会契約論」を主張し続けることは困難となり、政治的「転向」を正当化するなんらかの政治思想が必要となった。加藤の「社会契約論」からの決別宣言は、自由民権運動が最高潮に達した一八八二(明治一五)年に発表した『人権新説』であった。ここで加藤は、オーストリアの政治学者カルネリの論旨を借用して自由民権運動とくにルソーの「社会契約論」を論破しようとした。

社会進化論の波及

ところで「社会進化論」とは、「社会の進化は生存競争、自然淘汰、適者生存による」というもので、イギリスの思想家スペンサー(一八二〇―一九〇三)が提唱した政治・社会理論で、一九世紀中葉、帝国主義時代に入りつつあった資本主義のイデオロギー(弱肉強食)に適合的な理論として、世界的に大流行した思想であった。もっともスペンサー自身は、「社会進化の度合」は「個人の自由の拡大の度合」に比例すると述べ、国家権力が拡大することに反対し、「古典的自由」(国家はなるべく個人の経済活動に干渉しないことを良しとする「レッセフェール」の思想)に返ることを提唱していた。労働者の貧困が大きな社会問題になると、国家が政治・経済問題に介入することが多くなる。そのひとつがこんにちの「福祉国家」の発展であるが、そのことをスペンサーは国家権力の拡大としてとらえていたのである。

しかしドイツでは、「現存する国家」は「生存競争、自然淘汰、適者生存」の結果であり、それは「自然の法則」にそったものであるから正しいという「国家の個人にたいする絶対的優位」を正当化する権力思想となった。ドイツ学者加藤弘之は、このドイツやオーストリアの国家論を受容し、「自由民権運動」を攻撃したのである。

なお「社会進化論」は、南北戦争後のアメリカで、労働者階級も努力すれば富裕になれるとして労働者階級をなだめる資本家階級の支配のイデオロギーとして、また阿片戦争後の中国(清)やインドネシアでは、欧米の帝国主義列強との生存競争に打ち勝つことを目ざす「反帝国主義」「反植民地主義」のためのナショナリズム運動のイデオロギーとして用いられていた。

『人権新説』のなかで加藤は、「社会進化論」を用いて、①人間は生来、自由・平等ではなく、生存競争によって強者が生き残るからもともと不平等であること、②また人間がある日、ある時、ある場所に集まって「国家を作ろう」と叫んだというようなことは歴史的事実としてはありえないこと（ホッブズやルソーも「社会契約論」を「権力の基礎」は「人民の契約」によるという考えの前提として用いていたのであって、実際に「社会契約」のために人びとが集まったと考えていたわけではない）、③そして現在の明治政府は生存競争を勝ち抜いた勝者であるから、その地位は自然法則に従った科学的なものであり正当であること、④イギリスの市民革命期の市民階級は「上等平民」だが、自由民権運動の担い手たちはまだ「下等平民」であるから、生存競争に打ち勝てるように実力をつけなくてはいけないこと、を述べて、「社会契約論」にもとづく「人民主権論」を粉砕している。ちなみに、『人権新説』出版の翌年、ホッブズの『リヴァイアサン』のごく一部が『主権論　完』というタイトルで明治政府を正当化するために文部省から出版されているのはまことに興味深い。

近代史において、ホッブズ、ロック、ルソーら「社会契約論者たち」の思想や理論がさまざまな形で各国で登場しているが、「市民革命」によって近代自然法思想や社会契約論を身をもって体験し形成しなければ「真の民主主義」は発展しなかったことを思えば、われわれはもう一度、近代民主主義の原点である市民革命期の思想や歴史を研究し、そこから民主主義の原理や制度の形成過程を学ぶ必要があろう。そのさいどこからはじめるか。それには、近代国家論の祖トマス・ホッブズから研究することがもっとも有効かつ適切であると思うが、どうであろうか。

おわりに　なぜいまホッブズなのか

一九四五年、第二次世界大戦が終結したとき、世界の人びとは「自由・平等・平和な社会」が実現する時代がついにきたと思った。しかし、戦後すぐ、一九四七年頃には世界を二分する「冷戦」(資本主義か社会主義か)がはじまり、「第三次世界大戦」の危機を思わせるような「朝鮮戦争」(一九五〇―五三年)や「ヴェトナム戦争」(一九六〇―七五年)がアジアの地に起こり、ヨーロッパでも東欧諸国による「反ソ連」という緊張状態――一九五六年の「ハンガリー事件」、一九六八年の「チェコ事件」――が続いた。

そして、一九八九年六月四日に「天安門事件」が起こり、同年八月以降、ポーランドにはじまる「東欧革命」によって、東欧諸国がソ連邦の支配から次々に独立宣言するなかで、ついに同年一二月に米ソ両大国における「冷戦終結宣言」が発せられた。二年後の一九九一年末にソ連邦自体が解体されるに及んで、人びとはついに「世界平和」が到来するものと思った。とくにアメリカやヨーロッパをはじめとする資本主義諸国家は、「リベラル・デモクラシー」の「ソーシャリズム」にたいする勝利を謳歌した。

ところが、この「平和」も長くは続かず、二〇〇一年九月一一日、アメリカ・ニューヨークの同時多発テロ事件に象徴される新しい紛争の火種が発生した。そしてこのような対立要因は、今度は「宗教的・民族的要因」という性格を帯びて、中東の地を中心に広がり、いつ終わるか見通しが立たない状況にある。そればかりか、アジアにおいては中国・北朝鮮における軍備拡大、核兵器の開発を通じてアメリカとの対立が深まりつつある。

こうした状況の変化を理由として、日本も戦後七〇年続いた「専守防衛」の方針を転換するために「自己保存」「自然権」ということば(ホッブズが唱えたことばの真意とはまったく異なる。ホッブズもビックリだ)を用いて、「解釈改憲」という手法によって――かつてカール・シュミットは、この方法を用いて「ヴァイマル憲法」を崩壊させ「ナチス独裁」への道を切り開いた――、自衛隊の海外派兵を可能にする「安全保障関連法」を制定した(二〇一五年九月一九日)。中東、アジア地域における紛争の火種は、このままであれば、いつの日か「世界最終戦争」をひき起こすことになろうが、そのさいには、原水爆を搭載したミサイル戦争になる危険性が大いにありうるから、関係諸国は「敵・味方」ともに全滅状態になるであろう。したがって、軍拡によって戦争を抑止できるという論理はもはや有効ではないのである。

では、どうすればよいのか。それは、ホッブズが述べているように、各国が全力をあげて平和を守るために「武器」を放棄する以外にないのである。その意味で民主主義とは「永続的思想革命」への努力である。われわれは「人間」にとって最高の価値は、「生命の安全」(自己保存)にあることの意味を説いたホッブズの思想を学習する必要があろう。それには、第二次世界大戦後、人類が努力して構築してきた「国際連合」や「EU」のような国際組織を活用して、「国家(利益)連合」ではなく「国民(利益)連合」の実現を目指すしかない。迂遠の道であるかもしれないが、この方向しか「世界平和」を実現できる方法はないと思われる。

ホッブズは、全人類がそうした「思想の力」を体得すべきことをわれわれに教えているのである。

参考文献

A　ホッブズの著作

ホッブズ　リヴァイアサン』(『世界の大思想』 13)水田洋・田中浩訳、河出書房新社、一九六六年
『リヴァイアサン』(全四巻)水田洋訳、岩波文庫、一九九二年
『哲学者と法学徒との対話――イングランドのコモン・ローをめぐる』田中浩・重森臣広・新井明訳、岩波文庫、二〇〇二年
『法の原理』田中浩・新井明・重森臣広訳、岩波文庫(近刊)
『市民論』(『近代社会思想コレクション』 1)本田裕志訳、京都大学学術出版会、二〇〇八年
『ホッブズの弁明/異端』(『転換期を読む』 12)水田洋編訳・解説、未來社、二〇一一年
『哲学原論/自然法および国家法の原理』伊藤宏之・渡部秀和訳、柏書房、二〇一二年
『人間論』(『近代社会思想コレクション』 8)本田裕志訳、京都大学学術出版会、二〇一二年
『ビヒモス』山田園子訳、岩波文庫、二〇一四年

B　研究書

太田可夫『イギリス社会哲学の成立』弘文堂、一九四八年
水田洋『近代人の形成――近代社会観成立史』東京大学出版会、一九五四年
福田歓一『近代政治原理成立史序説』岩波書店、一九七一年
田中浩『トマス・ホッブズ』(『田中浩集』第一―二巻)未來社、二〇一二年
浜林正夫『イギリス市民革命史』未來社、一九五九年
岸畑豊『ホッブズ哲学の諸問題』創文社、一九七四年
藤原保信『近代政治哲学の形成――ホッブズの政治哲学』早稲田大学出版部、一九七四年
梅田百合香『ホッブズ　政治と宗教――『リヴァイアサン』再考』名古屋大学出版会、二〇〇五年
鈴木朝生『主権・神法・自由――ホッブズ政治思想と一七世紀イングランド』木鐸社、一九九四年

リチャード・タック『トマス・ホッブズ』田中浩・重森臣広訳、未來社、一九九五年
ノルベルト・ボッビオ『ホッブズ』田中浩・中村勝己・千葉伸明訳、未來社(近刊)
クリストファ・ヒル『イギリス革命の思想的先駆者たち』福田良子訳、岩波書店、一九七二年
P・C・マイヤー＝タッシュ『ホッブズと抵抗権』三吉敏博・初宿正典訳、木鐸社、一九七六年

ホッブズ年譜

一五八八	四月五日、国教会牧師の次男として、ウィルトシャー州マームズベリ近郊のウェストポートに生まれる。
一五九六―一六〇〇	八歳のときラティマーの私塾に入学。父蒸発後、一二歳のトマスは兄および姉(または妹?)とともに伯父にひきとられ、一三歳のときにエウリピデスの『メディア』をラテン語に訳し、その非凡な才能を現している。
一六〇二	オクスフォード大学モードリン・カレッジに入学。
一六〇八	大学卒業後、モードリンの学寮長の推薦によって、ハードウィックの男爵ウィリアム・キャヴェンディッシュ(のちの初代デヴォンシャー伯爵)の長男(一五九一頃―一六二八)の家庭教師となる。
一六一〇	二代目伯爵とともにフランス、イタリアに旅行する。ヴェネツィア共和国訪問。帰国後は、伯爵の秘書となり、余暇を古典、主として歴史家の研究とラテン語作文の復習に費した。
一六二八	二代目伯爵の死亡によって、一時伯爵家を去る。その数年前にホッブズは、ベイコンの秘書として、かれの論文集のラテン語訳を手伝ったり、口述を筆記したりして、その能力を認められている。

一六二九　トゥキュディデスの『歴史』の翻訳を出版。

一六二九—三一　伯爵家を去ったのち、スコットランドの貴族サー・ジャヴェス・クリフトンの息子の大陸旅行につきそい、約一年半パリやオルレアンで過ごし、その間ヴェネツィアをも再び訪れた。かれがユークリッド幾何学を知ったのはこの大陸旅行中といわれる。

一六三一　デヴォンシャー伯爵の未亡人によってパリからよびもどされ、三代目ウィリアム・キャヴェンディッシュ（一六一七—八四）の家庭教師として再び伯爵家に仕える。この頃、二代目デヴォンシャー伯爵のいとこにあたる、王党政治家でかつ学芸の保護者でもあるニューカスル伯ウィリアムやその弟で数学・物理学の研究者チャールズ・キャヴェンディッシュと知り合う。

一六三四—三七　三代目デヴォンシャー伯爵を連れて三度目の大陸旅行。パリでメルセンヌのサロンに迎えられ、ガッサンディやデカルトと知り合う。また三六年頃、フィレンツェにガリレイを訪ねている。帰国後、哲学体系の構想にとりかかった。

一六四〇　五月九日、最初の著作『法の原理』を脱稿したが、当時は印刷されず手稿のままで回覧された。本書ではすでに主権の絶対性と不可分性の主張がなされ、王党側から絶対王政を擁護する理論として歓迎された。

一六四〇末　長期議会でストラッフォード伯爵の弾劾がはじまり、ホッブズも身の危険を感じてフランスに亡命。

一六四二　『市民論』を匿名で出版。

一六四六　ネイズビーの戦いで敗北した皇太子（のちのチャールズ二世）がパリに亡命し、亡命宮廷をひらく。ホッブズは皇太子に数学を教えることとなる。ブラムホールと自由意志に関する論争をしたり、ウィリアム・ペティがホッブズを訪ねたのもこの頃と思われる。

一六四九　四九年に『市民論』のフランス語訳がアムステルダムで出版される。翌五〇年に『法の原

―五二　理』が二部に分けて出版され、五一年にはホッブズみずから『市民論』の英語版を出し、同じくその年の夏に、『リヴァイアサン』がロンドンで印刷・出版された。『リヴァイアサン』の出版によって、ホッブズは無神論者として異端視され、まもなく亡命宮廷への出入りを禁止された。こうして、ホッブズは五二年二月にひそかに帰国し、共和国の新政権に帰順した。帰国後は政争にまき込まれることを極力さけ、ハーヴイやセルデン等の学者と親交を結んだ。

一六五五　『物体論』を出版。

一六五八　『人間論』を出版。

一六六六―六九　この頃、『哲学者と法学徒との対話』を執筆。宗教界・大学・王党右翼によるホッブズ主義への非難強まる。そのためチャールズ二世は、ホッブズに政治的・宗教的著作を出版するのを禁じた。そのため、かれのピューリタン革命史研究として有名な『ビヒモス』は、六八年頃完成したが出版されなかった（一六七九年に秘密出版）。しかし、外国ではホッブズの名声は高まり、六八年にはアムステルダムで『リヴァイアサン』のラテン語訳が、翌年にはオランダ語訳が出版されている。

一六七二　『ラテン詩自伝』を出版。
一六七三　『ラテン語自伝』を出版。
一六七五　ロンドンからデヴォンシャー家の館チャツワースと別邸ハードウィック・ホールに移る。
一六七九　一二月四日、ハードウィック・ホールで死す。時に九一歳(と八カ月)。

＊田中浩『イギリス思想叢書3　ホッブズ』(研究社出版、一九九八年)所収の「ホッブズ関連年譜」を基に作成。

あとがき

わたくしが学部卒業論文「ホッブズ自然法理論におけるエピクロス的性格——国家と個人の関係」を提出したのは、一九五一年一二月だった。奇しくもホッブズの主著『リヴァイアサン』が出版された一六五一年から数えて三〇〇年目のことであった。

敗戦後、軍の学校を退学し、旧制高校に再入学したものの、今後どのように生きたらよいか思い悩んだ。日本は「天皇制国家」から「民主国家」へ転換したが、「世界の歴史」や「世界の思想」の起源、発展、現状を知らなくてはまったく動きようがない。こうしたときに河合栄治郎東大教授の『自由主義の擁護』や『トーマス・ヒル・グリーンの思想体系』を読み、日本再建のためにはまず「哲学」を研究する必要があると考えた。そのさい「純哲」(純粋哲学。カントやヘーゲルなど)ではなく「社会の哲学」を研究したいと思った。

そして「社会の哲学」を研究するうえでもっとも適合的な大学として、当時「第三ヒューマニズム論」をかかげて活躍されていた務台理作教授、「自然哲学」の権威下村寅太郎教授のおられる東京文理科大学に進学することにした。しかし、そのときにはまだ、だれを、またなにを研究すればよいかはわからなかった。あれこれ模索するなかで、結局近代の出発点であるイギリスの「市民革命」(ピューリタン革命)期の思想家ホッブズからはじめることにした。

ホッブズにかんしては、一橋大学の太田可夫教授(哲学)、名古屋大学の水田洋助教授(社会思想)、東京大学の福田歓一助教授(政治思想)の三先生に御指導していただき、ホッブズ研究に必要なギリシア哲学については、京都大学の田中美知太郎教授(スコラ哲学)、高田三郎教授(アリストテレス)、社会哲学については重松俊明教授(社会学、ホッブズ)、キリスト教については国際基督教大学の武田清子助教授(政治思想、ニーバー)の御指導を受けた。

また、大学卒業後わたくしに研究者としての道を与えてくださった東京教育大学の稲田正次教授(憲法学・明治憲法研究の権威)と、客員研究員としてわたくしに政治学研究のイロハを教えてくださった東京大学の岡義武教授(西欧・日本近代研究の権威)に心からお礼を申し上げる。研究者の道を歩みはじめてから六〇年有余、ホッブズ研究を続けてこられたのはひとえに以上の先生方のおかげである。

それにしても、今回岩波新書でホッブズを取りあげていただくことになったのはまことに嬉しいことであった。啓蒙的性格のある新書において思想家はなかなかに取りあげられにくいなかで、ホッブズの重要性を認識していただいた岩波書店の小島潔さんと藤田紀子さんに心からお礼を申し上げる。

そして、今回の作業にさいして資料その他の点で御協力いただいたかつてのゼミ生、大滝則忠氏（国立国会図書館長）、重森臣広氏（立命館大学教授）、鳴子博子氏（中央大学准教授）、中村勝己氏（中央大学講師）および栗城壽夫氏（上智大学名誉教授）、高橋義文氏（聖学院大学大学院客員教授）に感謝申し上げる。

最後に、いつものことながら「機械おんち」のわたくしに代ってワープロを打ってくれた妻秀子に感謝する。

二〇一五年一〇月二三日

田中　浩

田中　浩

1926年，佐賀県生まれ．戦争中，陸軍経理学校に入学．戦後，旧制佐賀高等学校文科乙類を経て，東京文理科大学文学部哲学科に進学し，同大学卒業後，東京教育大学教授，一橋大学教授等を歴任．現在，聖学院大学大学院客員教授，一橋大学名誉教授．法学博士．専攻は政治思想．
著書に，『国家と個人』『近代日本と自由主義』(以上，岩波書店)，『日本リベラリズムの系譜』(朝日新聞社)，『田中浩集』(全10巻，未來社)など，訳書に，ホッブズ『哲学者と法学徒との対話』(共訳，岩波文庫)，シュミット『政治的なものの概念』『政治神学』(以上，未來社)などがある．

ホッブズ
リヴァイアサンの哲学者　　岩波新書(新赤版)1590

2016年2月19日　第1刷発行

著　者　田《た》中《なか》　浩《ひろし》

発行者　岡本　厚

発行所　株式会社 岩波書店
〒101-8002 東京都千代田区一ツ橋2-5-5
案内 03-5210-4000　販売部 03-5210-4111
http://www.iwanami.co.jp/

新書編集部 03-5210-4054
http://www.iwanamishinsho.com/

印刷・三陽社　カバー・半七印刷　製本・中永製本

ISBN 978-4-00-431590-2　　Printed in Japan

岩波新書新赤版一〇〇〇点に際して

ひとつの時代が終わったと言われて久しい。だが、その先にいかなる時代を展望するのか、私たちはその輪郭すら描きえていない。二〇世紀から持ち越した課題の多くは、未だ解決の緒を見つけることのできないままであり、二一世紀が新たに招きよせた問題も少なくない。グローバル資本主義の浸透、憎悪の連鎖、暴力の応酬——世界は混沌として深い不安の只中にある。

現代社会においては変化が常態となり、速さと新しさに絶対的な価値が与えられた。消費社会の深化と情報技術の革命は、種々の境界を無くし、人々の生活やコミュニケーションの様式を根底から変容させてきた。ライフスタイルは多様化し、一面では個人の生き方をそれぞれが選びとる時代が始まっている。同時に、新たな格差が生まれ、様々な次元での亀裂や分断が深まっている。社会や歴史に対する意識が揺らぎ、普遍的な理念に対する根本的な懐疑や、現実を変えることへの無力感がひそかに根を張りつつある。そして生きることに誰もが困難を覚える時代が到来している。

しかし、日常生活のそれぞれの場で、自由と民主主義を獲得し実践することを通じて、私たち自身がそうした閉塞を乗り超え、希望の時代の幕開けを告げてゆくことは不可能ではあるまい。そのために、いま求められていること——それは、個と個の間で開かれた対話を積み重ねながら、人間らしく生きることの条件について一人ひとりが粘り強く思考することではないか。その営みの糧となるものが、教養に外ならないと私たちは考える。歴史とは何か、よく生きるとはいかなることか、世界そして人間はどこへ向かうべきなのか——こうした根源的な問いとの格闘が、文化と知の厚みを作り出し、個人と社会を支える基盤としての教養となった。まさにそのような教養への道案内こそ、岩波新書が創刊以来、追求してきたことである。

岩波新書は、日中戦争下の一九三八年一一月に赤版として創刊された。創刊の辞は、道義の精神に則らない日本の行動を憂慮し、批判的精神と良心的行動の欠如を戒めつつ、現代人の現代的教養を刊行の目的とする、と謳っている。以後、青版、黄版、新赤版と装いを改めながら、合計二五〇〇点余りを世に問うてきた。そして、いままた新赤版が一〇〇〇点を迎えたのを機に、人間の理性と良心への信頼を再確認し、それに裏打ちされた文化を培っていく決意を込めて、新しい装丁のもとに再出発したいと思う。一冊一冊から吹き出す新風が一人でも多くの読者の許に届くこと、そして希望ある時代への想像力を豊かにかき立てることを切に願う。

（二〇〇六年四月）

哲学・思想

社会

戦争と検閲 石川達三を読み直す　河原理子
生きて帰ってきた男　小熊英二
地域に希望あり　大江正章
地域の力　大江正章
遺骨 戦没者三一〇万人の戦後史　栗原俊雄
フォト・ストーリー 沖縄の70年　石川文洋
ルポ 保育崩壊　小林美希
アホウドリを追った日本人　平岡昭利
朝鮮と日本に生きる　金時鐘
被災弱者　岡田広行
農山村は消滅しない　小田切徳美
復興〈災害〉　塩崎賢明
「働くこと」を問い直す　山崎憲
原発と大津波 警告を葬った人々　添田孝史
縮小都市の挑戦　矢作弘
福島原発事故 被災者支援政策の欺瞞　日野行介
日本の年金　駒村康平
食と農でつなぐ 福島から　岩崎由美子・塩谷弘康
過労自殺〔第二版〕　川人博
金沢を歩く　山出保
ドキュメント 豪雨災害　稲泉連
希望のつくり方　玄田有史
親米と反米　吉見俊哉
人生案内　落合恵子
ひとり親家庭　赤石千衣子
女のからだ フェミニズム以後　荻野美穂
〈老いがい〉の時代　天野正子
子どもの貧困　阿部彩
子どもの貧困 II　阿部彩
性と法律　角田由紀子
ヘイト・スピーチとは何か　師岡康子
生活保護から考える　稲葉剛
かつお節と日本人　藤林泰・宮内泰介
家事労働ハラスメント　竹信三恵子
ルポ 雇用劣化不況　竹信三恵子
福島原発事故 県民健康管理調査の闇　日野行介
電気料金はなぜ上がるのか　朝日新聞経済部
おとなが育つ条件　柏木惠子
在日外国人〔第三版〕　田中宏
まち再生の術語集　延藤安弘
震災日録 記憶を記録する　森まゆみ
原発をつくらせない人びと　山秋真
社会人の生き方　暉峻淑子
豊かさの条件　暉峻淑子
豊かさとは何か　暉峻淑子
構造災 科学技術社会に潜む危機　松本三和夫
家族という意志　芹沢俊介
ルポ 良心と義務　田中伸尚
靖国の戦後史　田中伸尚
日の丸・君が代の戦後史　田中伸尚
憲法九条の戦後史　田中伸尚

岩波新書より

岩波新書より

ああダンプ街道	佐久間　充
山が消えた 残土・産廃戦争	佐久間　充
少年犯罪と向きあう	石井小夜子
自白の心理学	浜田寿美男
原発事故はなぜくりかえすのか	高木仁三郎
プルトニウムの恐怖	高木仁三郎
能力主義と企業社会	熊沢　誠
証言 水俣病	栗原　彬編
コンクリートが危ない	小林一輔
東京国税局査察部	立石勝規
バリアフリーをつくる	光野有次
ドキュメント 屠場	鎌田　慧
現代社会と教育	堀尾輝久
原発事故を問う	七沢　潔
災害救援	野田正彰
ボランティア もうひとつの情報社会	金子郁容
スパイの世界	中薗英助
都市開発を考える	大野輝之 レイコ・ハベ・エバンス

ディズニーランドという聖地	能登路雅子
原発はなぜ危険か	田中三彦
世直しの倫理と論理 上・下	小田　実
異邦人は君ヶ代丸に乗って	金　賛汀
読書と社会科学	内田義彦
資本論の世界	内田義彦
社会認識の歩み	内田義彦
科学文明に未来はあるか	野坂昭如編著
働くことの意味	清水正徳
一九六〇年五月一九日	日高六郎編
暗い谷間の労働運動	大河内一男
住宅貧乏物語	早川和男
食品を見わける	磯部晶策
社会科学における人間	大塚久雄
社会科学の方法	大塚久雄
農の情景	杉浦明平
ルポルタージュ 台風十三号始末記	杉浦明平
日本人とすまい	上田　篤
自動車の社会的費用	宇沢弘文

「成田」とは何か	宇沢弘文
戦没農民兵士の手紙	岩手県農村文化懇談会編
ものいわぬ農民	大牟羅良
死の灰と闘う科学者	三宅泰雄
ユダヤ人	J-P・サルトル 安堂信也訳

岩波新書より

現代世界

フォト・ドキュメンタリー 人間の尊厳　林　典子
女たちの韓流　山下英愛
㈱貧困大国アメリカ　堤　未果
ルポ 貧困大国アメリカ　堤　未果
ルポ 貧困大国アメリカII　堤　未果
新・現代アフリカ入門　勝俣　誠
中国の市民社会　李　妍焱
勝てないアメリカ　大治朋子
ブラジル 跳躍の軌跡　堀坂浩太郎
非アメリカを生きる　室　謙二
ネット大国中国　遠藤　誉
中国は、いま　国分良成編
ジプシーを訪ねて　関口義人
中国エネルギー事情　郭　四志
アメリカン・デモクラシーの逆説　渡辺　靖
ユーラシア胎動　堀江則雄

オバマ演説集　三浦俊章編訳
オバマは何を変えるか　砂田一郎
タイ 中進国の模索　末廣　昭
平和構築　東　大作
ハワイ　山中速人
イスラームの日常世界　片倉もとこ
イスラエル　臼杵　陽
ネイティブ・アメリカン　鎌田　遵
アフリカ・レポート　松本仁一
ヴェトナム新時代　坪井善明
イラクは食べる　酒井啓子
エビと日本人　村井吉敬
エビと日本人II　村井吉敬
北朝鮮は、いま　北朝鮮研究学会編 石坂浩一監訳
欧州連合 統治の論理とゆくえ　庄司克宏
バチカン　郷富佐子
国際連合 軌跡と展望　明石　康
アメリカよ、美しく年をとれ　猿谷　要

日中関係 戦後から新時代へ　毛里和子
いま平和とは　最上敏樹
国連とアメリカ　最上敏樹
人道的介入　最上敏樹
現代ドイツ　三島憲一
「民族浄化」を裁く　多谷千香子
サウジアラビア　保坂修司
中国激流 13億のゆくえ　興梠一郎
多民族国家 中国　王　柯
ヨーロッパ市民の誕生　宮島　喬
東アジア共同体　谷口　誠
NATO　谷口長世
ヨーロッパとイスラーム　内藤正典
現代の戦争被害　小池政行
アメリカ外交とは何か　西崎文子
帝国を壊すために　アルンダティ・ロイ 本橋哲也訳
多文化世界　青木　保
異文化理解　青木　保
デモクラシーの帝国　藤原帰一

岩波新書より

環境・地球

異常気象と地球温暖化　鬼頭昭雄
エネルギーを選びなおす　小澤祥司
欧州のエネルギーシフト　脇阪紀行
グリーン経済最前線　井田徹治／末吉竹二郎
低炭素社会のデザイン　西岡秀三
環境アセスメントとは何か　原科幸彦
生物多様性とは何か　井田徹治
キリマンジャロの雪が消えていく　石弘之
地球環境報告　石弘之
地球環境報告Ⅱ　石弘之
酸性雨　石弘之
イワシと気候変動　川崎健
森林と人間　石城謙吉
世界森林報告　山田勇
国土の変貌と水害　高橋裕
地球の水が危ない　高橋裕
地球持続の技術　小宮山宏
山の自然学　小泉武栄
山への挑戦　堀田弘司
地球温暖化を防ぐ　佐和隆光
地球環境問題とは何か　米本昌平
水俣病は終っていない　原田正純
水俣病　原田正純

情報・メディア

鈴木さんにも分かるネットの未来　川上量生
世論調査とは何だろうか　岩本裕
NHK〔新版〕　松田浩
震災と情報　徳田雄洋
デジタル社会はなぜ生きにくいか　徳田雄洋
メディアと日本人　橋元良明
本は、これから　池澤夏樹編
インターネット新世代　村井純
インターネット　村井純
ジャーナリズムの可能性　原寿雄
ITリスクの考え方　佐々木良一
ユビキタスとは何か　坂村健
ウェブ社会をどう生きるか　西垣通
IT革命　西垣通
報道被害　梓澤和幸
メディア社会　佐藤卓己
現代の戦争報道　門奈直樹
未来をつくる図書館　菅谷明子
メディア・リテラシー　菅谷明子
インターネット術語集Ⅱ　矢野直明
広告のヒロインたち　島森路子
フォト・ジャーナリストの眼　長倉洋海
戦中用語集　三國一朗
職業としての編集者　吉野源三郎

岩波新書より

経済

ポスト資本主義 科学・人間・社会の未来	広井良典
日本の納税者	三木義一
タックス・イーター	志賀櫻
タックス・ヘイブン	志賀櫻
コーポレート・ガバナンス	花崎正晴
グローバル経済史入門	杉山伸也
アベノミクスの終焉	服部茂幸
新自由主義の帰結	服部茂幸
新・世界経済入門	西川潤
金融政策入門	湯本雅士
日本経済図説〔第四版〕	宮崎勇 本庄真 田谷禎三
世界経済図説〔第三版〕	宮崎勇 田谷禎三
WTO 貿易自由化を超えて	中川淳司
日本財政 転換の指針	井手英策
日本の税金〔新版〕	三木義一
成熟社会の経済学	小野善康
景気と経済政策	小野善康
平成不況の本質	大瀧雅之
原発のコスト	大島堅一
次世代インターネットの経済学	依田高典
ユーロ 危機の中の統一通貨	田中素香
低炭素経済への道	諸富徹 浅岡美恵
「分かち合い」の経済学	神野直彦
人間回復の経済学	神野直彦
グリーン資本主義	佐和隆光
市場主義の終焉	佐和隆光
消費税をどうするか	小此木潔
国際金融入門〔新版〕	岩田規久男
金融入門〔新版〕	岩田規久男
ビジネス・インサイト	石井淳蔵
ブランド 価値の創造	石井淳蔵
グローバル恐慌	浜矩子
金融商品とどうつき合うか	新保恵志
金融NPO	藤井良広
地域再生の条件	本間義人
経済データの読み方〔新版〕	鈴木正俊
格差社会 何が問題なのか	橘木俊詔
シュンペーター	伊東光晴 根井雅弘
ケインズ	伊東光晴
現代に生きるケインズ	伊東光晴
景気とは何だろうか	山家悠紀夫
環境再生と日本経済	三橋規宏
人民元・ドル・円	田村秀男
社会的共通資本	宇沢弘文
経済学の考え方	宇沢弘文
経営革命の構造	米倉誠一郎
経済論戦	川北隆雄
アメリカの通商政策	佐々木隆雄
戦後の日本経済	橋本寿朗
共生の大地 新しい経済がはじまる	内橋克人
思想としての近代経済学	森嶋通夫
アメリカ遊学記	都留重人

福祉・医療

医と人間　井村裕夫編
医療の選択　桐野高明
納得の老後　日欧在宅ケア探訪　村上紀美子
移植医療　橳島次郎・出河雅彦
医学的根拠とは何か　津田敏秀
転倒予防　武藤芳照
看護の力　川嶋みどり
心の病　回復への道　野中猛
重い障害を生きるということ　髙谷清
肝臓病　渡辺純夫
感染症と文明　山本太郎
ルポ　認知症ケア最前線　佐藤幹夫
ルポ　高齢者医療　佐藤幹夫
医の未来　矢﨑義雄編
介護保険は老いを守るか　沖藤典子
パンデミックとたたかう　押谷仁・瀬名秀明

健康不安社会を生きる　飯島裕一編著
健康ブームを問う　飯島裕一編著
疲労とつきあう　飯島裕一
長寿を科学する　祖父江逸郎
温泉と健康　阿岸祐幸
介護　現場からの検証　結城康博
医療の値段　結城康博
腎臓病の話　椎貝達夫
「尊厳死」に尊厳はあるか　中島みち
がんとどう向き合うか　額田勲
がん緩和ケア最前線　坂井かをり
人はなぜ太るのか　岡田正彦
児童虐待　川﨑二三彦
生老病死を支える　方波見康雄
認知症とは何か　小澤勲
鍼灸の挑戦　松田博公
障害者とスポーツ　高橋明
障害者は、いま　大野智也
生体肝移植　後藤正治
放射線と健康　舘野之男

定常型社会　新しい「豊かさ」の構想　広井良典
日本の社会保障　広井良典
血管の病気　田辺達三
医の現在　高久史麿編
居住福祉　早川和男
高齢者医療と福祉　岡本祐三
看護　ベッドサイドの光景　増田れい子
信州に上医あり　南木佳士
自分たちで生命を守った村　菊地武雄
医療の倫理　星野一正
腸は考える　藤田恒夫
体験ルポ　世界の高齢者福祉　山井和則
リハビリテーション　砂原茂一
指と耳で読む　本間一夫
村で病気とたたかう　若月俊一
音から隔てられて　入谷仙介・林瓢介編

岩波新書より

宗教

高野山 松長有慶
密教 松長有慶
マルティン・ルター 徳善義和
教科書の中の宗教 藤原聖子
『教行信証』を読む 親鸞の世界へ 山折哲雄
親鸞をよむ 山折哲雄
国家神道と日本人 島薗進
聖書の読み方 大貫隆
寺よ、変われ 高橋卓志
日本宗教史 末木文美士
法華経入門 菅野博史
イスラム教入門 中村廣治郎
ジャンヌ・ダルクと蓮如 大谷暢順
キリスト教と笑い 宮田光雄
モーセ 浅野順一
蓮如 五木寛之
仏教入門 三枝充悳
お伊勢まいり 西垣晴次
慰霊と招魂 村上重良
国家神道 村上重良
お経の話 渡辺照宏
日本の仏教 渡辺照宏
仏教〔第二版〕 渡辺照宏
内村鑑三 鈴木範久
親鸞 野間宏
禅と日本文化 鈴木大拙 北川桃雄訳

心理・精神医学

トラウマ 宮地尚子
自閉症スペクトラム障害 平岩幹男
自殺予防 高橋祥友
だます心 だまされる心 安斎育郎
痴呆を生きるということ 小澤勲
〈こころ〉の定点観測 なだいなだ編著
純愛時代 大平健
やさしさの精神病理 大平健
豊かさの精神病理 大平健
快適睡眠のすすめ 堀忠雄
精神病 笠原嘉
生涯発達の心理学 高橋惠子 波多野誼余夫
心病める人たち 石川信義
コンプレックス 河合隼雄
日本人の心理 南博